Christoph Wagner (Text) - - - Kurt-Michael Westermann (Fotos)

Traumstraße der Genüsse
Von Venedig nach Triest

Verlag Carinthia

2. Auflage 2007

© 2006 by Carinthia Verlag
in der Verlagsgruppe Styria GmbH& Co KG, Wien-Graz-Klagenfurt
Alle Rechte vorbehalten

Fotos: © Kurt-Michael Westermann, Wien
Gestaltung: Pliessnig/TextDesign, Klagenfurt
Satz & Repro: TextDesign Ges.m.b.H., Klagenfurt
Karte S. 222/223: Felix Amode, München
Druck und Bindung: Universitätsdruckerei Klampfer GmbH, St. Ruprecht/Raab /Stmk.
Printed in Austria

ISBN-10: 3-85378-611-1
ISBN-13: 978-3-85378-611-6

Inhalt

Kleine Vorbemerkung

Schön, dass Sie zu diesem Buch gegriffen haben. Wahrscheinlich sind Sie Gourmet, aber ich muss Sie warnen: Dies ist kein Gourmetguide, denn es stehen ein paar ganz finstere Kneipen auch drinnen. Vielleicht sind Sie Osteria-Pfadfinder und Wirtshausfährtensucher; aber auch Sie muss ich warnen: Ich habe ein paar sündteure Fresstempel aufgenommen, die Ihrer Geldbörse sicher keine Freude machen werden.

Ich gehe allerdings davon aus, dass Sie die venezianisch-friulanische Küche ebenso lieben wie ich und dass Sie gerne auch ein paar hundert Meter weiter gehen oder ein paar Kilometer weiter fahren, um einen neuen Ort des Gelages in dieser an solchen Orten so reichen Landschaft zwischen Venedig und Triest zu finden.

Mit Sicherheit habe ich nicht alle Orte beschrieben, die eine solche Beschreibung verdienen würden. Aber ich kann Ihnen gleichwohl versichern: Von den zahlreichen Genusspunkten, an denen ich mich in den letzten Jahren mit Erfolg gelabt habe, fehlt nicht ein einziger. Diesbezüglich war ich gnadenlos.

Mag sein, dass da oder dort die Augen der Kellnerin nicht mehr so glutvoll leuchten wie damals, als ich das Vergnügen hatte, von ihnen angeblitzt zu werden.

Mag sein, dass der Kellner mit dem originellen Moustache, der meine Aufmerksamkeit erregte, mittlerweile Frührentner ist oder ein paar Häuser weiter serviert.

Mag sein, dass die Mama, die die Polenta so auf- und anregend gerührt hat, das Küchenszepter mittlerweile an die Schwiegertochter übergeben hat, die lieber Jakobsmuscheln auf Zitronengrasspieße steckt, anstatt Polenta zu rühren. In solchen Fällen darf ich Sie bitten, mir zu verzeihen. Aber ein Buch wie dieses kann nicht ein paar Wochen vor seinem Erscheinen recherchiert und geschrieben werden, es bedarf dazu, allein schon wegen der Instandhaltung des eigenen Gastrums, wesentlich weitläufigerer kulinarischer Expeditionen. Eckdaten wie Telefonnummern und Öffnungszeiten habe ich nach bestem Wissen nachgecheckt. Sollte sich da oder dort dennoch etwas verändert haben, so bitte ich um Nachsicht. Als Telefonbuchredakteur kann man immer dazulernen.

Was ich Ihnen jedoch versprechen kann, ist, dass ich mich mit viel Fleiß und Liebe entlang dieser herrlichen Straße der Genüsse durchgekostet habe. Kritische Geister unter Ihnen werden vielleicht manchmal meinen, ich hätte sogar zuviel Liebe investiert. Denn mit Lagunenblick, im Pinienschatten, auf Palazzoterrassen, in Fischmarktnähe oder in alten Weinkellern kann es einem schon einmal passieren, dass ein Weichzeichner des Kritikers Scharfblick eintrübt oder die Endorphine dem Intellekt einen schlaraffischen Streich spielen.

So, jetzt aber genug geschwätzt und losgezogen: Das Essen wartet, und Sie sind sicher hungrig.

Guten Appetit dabei wünscht Ihnen

Christoph Wagner

Venezia

--- carissima Serenissima!

Mein Tipp: Wählen Sie nach Belieben einen Stadtteil. Steigen Sie an einer beliebigen Vaporetto-Station aus (meiden Sie dabei, vor allem zur Hochsaison, tunlichst San Marco) und gehen Sie einfach herum, bis Sie etwas finden, das Ihnen entweder gefällt oder bekannt vorkommt. Sollte das betreffende Lokal auch auf den folgenden Seiten Erwähnung gefunden haben, so trinken Sie ein Gläschen auf mich, Ihren Vorkoster. Sollten Sie es mögen, trinken Sie noch ein Gläschen. Sollte es Sie jedoch enttäuschen, so trinken Sie noch ein drittes Gläschen – und Sie werden sich bestimmt trotzdem wohl fühlen. Nach drei Gläschen!
Glauben Sie mir: Es war schon einmal leichter, für die kulinarischen Vorzüge der Lagunenstadt Propaganda zu machen, damals, als noch niemand wusste, was ein „bacaro", ein „cicheto" oder eine „ombretta" ist.

Venezia, carissima Serenissima!

Speisen mit Shylock, Trinken mit Tizian

Die kulinarische Seele Venedigs in die Worte einer Speisekarte zu fassen, ist nahezu unmöglich und wird von den „echten" venezianischen Restaurants daher meist auch gar nicht versucht. Der Wirt spricht für sich (und seine Küche) lieber selbst, oder er lässt seine gewöhnlich wohl gefüllte Vitrine für sich sprechen.

Wo in Venedig Speisekarten im Umlauf sind (womöglich gar mehrsprachige), dort ist für gewöhnlich Vorsicht geboten. Das bedeutet keineswegs, dass man deswegen schlecht essen müsste. Es bedeutet lediglich, dass nicht der Venezianer die ins Auge gefasste Zielgruppe ist, sondern Sie und ich, liebe Leserinnen und Leser.

Und wir sind uns ja vermutlich einig, dass wir nicht „touristisch" abgefüttert werden wollen. Wir möchten uns lieber unter die Einheimischen mischen und unseresgleichen möglichst gar nicht erst zu Gesicht bekommen.

Wie die venezianische Gastronomie dieses Paradoxon meistert, Heerscharen von ausländischen Touristen zu verpflegen, die allesamt keine Touristen sein und auch keine sehen wollen, das verdient Respekt. Und es ist vielleicht auch eine der Erklärungen für Venedigs Ruf, unangemessen teuer zu sein. Die Venezianer wissen darum, dass nicht nur das salzige Brackwasser ihre Fundamente anknabbert, sondern dass genau jene am meisten mitknabbern, die von den Venezianern erwarten, ihre Stadt möglichst niemandem zu öffnen und ihre Lebenskultur möglichst niemandem zu erschließen – außer ihnen selbst.

Im Grunde sollte ein seriöser Führer durch die Lagunenstadt allen notorischen Venedigfahrern also raten, falls ihnen ihre Lieblingsstadt wirklich etwas

bedeutet, draußen zu bleiben und statt dessen in robustere und auch nicht üble Quartiere wie Padua, Treviso oder Vicenza auszuweichen, die obendrein billiger sind.

Andererseits braucht Venedig Sie und mich (und all die Millionen anderer Besucher), um sich und seine Unverwechselbarkeit auch zu erhalten.

Venedig war schon immer eine Stadt der Widersprüche. Es ist luxuriös und heruntergekommen zugleich. Es ist sündteuer, oft aber gerade dort, wo es nicht ganz so teuer ist, auch sündhaft gut. Kurzum: Venedig, das die Bleikammern ebenso hervorgebracht hat wie Giacomo Casanova, verschließt sich seit jeher einfachen Welterklärungsmodellen – und tut es bis heute. Es lässt sich nicht nur, wie Fritz von Herzmanovsky-Orlando es getan hat, in geografischer, sondern wohl auch in psychologischer Hinsicht mit einem Schnittmuster vergleichen. Und es gibt tatsächlich immer noch Eingeweihte, die behaupten, dass man in Venedig mit einem Schnittmuster schneller vorankommt, als mit einem Stadtplan. Denn in Venedig sucht man nicht, sondern man lässt sich treiben. Wer meint, es sei möglich, sich hier irgendetwas systematisch anzueignen, der ist von vornherein zum Scheitern verurteilt.

Andererseits ist es doch nützlich, sich zumindest mit einer Grobgliederung vertraut zu machen; zu wissen, was einen in Cannaregio, im Castello, in San Polo und Santa Croce oder in Dorsoduro erwartet. Es ist nützlich, einen Stadtplan eingesteckt zu haben, auch wenn man (allein schon, um nicht von weitem bereits als „Touri" entlarvt zu werden) nur in wirklichen Notsituationen dazu greifen sollte.

Das gilt auch für den kulinarischen Wanderer. Die im Folgenden vorgestellten Lokalitäten aus allen Stadtteilen sind letztlich nichts anderes als Momentaufnahmen aus einer gastronomischen Wirklichkeit,

die stets auch magischen Charakter hat. Viele Lokale, die geöffnet sein sollten, sind – allen möglichen Führern zum Trotz – geschlossen. Andere, die in keinem Führer stehen, halten dafür offen. Oft ist es klüger, dem eigenen, wachen Auge zu vertrauen oder auch den präzisen Empfindungen des Geruchsapparates, als vorgeschlagenen (und damit auch schon ausgetretenen) Fährten zu folgen.

Mein Tipp: Wählen Sie nach Belieben einen Stadtteil. Steigen Sie an einer beliebigen Vaporetto-Station aus (meiden Sie dabei, vor allem zur Hochsaison, tunlichst San Marco) und gehen Sie einfach herum, bis Sie etwas finden, das Ihnen entweder gefällt oder bekannt vorkommt.

Sollte das betreffende Lokal auch auf den folgenden Seiten Erwähnung gefunden haben, so trinken Sie ein Gläschen auf mich, Ihren Vorkoster. Sollten Sie es mögen, trinken Sie noch ein Gläschen. Sollte es Sie jedoch enttäuschen, so trinken Sie noch ein drittes Gläschen – und Sie werden sich bestimmt trotzdem wohl fühlen. Nach drei Gläschen!

Glauben Sie mir: Es war schon einmal leichter, für die kulinarischen Vorzüge der Lagunenstadt Propaganda zu machen, damals, als noch niemand wusste, was ein „bacaro", ein „cicheto" oder eine „ombretta" ist.

Der journalistische Anstand gebietet, diese Begriffe hier kurz zu erklären, obwohl Sie, liebe Venedig-kundige und Veneto-erfahrene Leserinnen und Leser dies naturgemäß als Beleidigung empfinden müssen. Also, für die „Touristen" und nur für diese: Ein „bacaro" ist ein Ort des (von Bacchus selbst, von wem sonst?) institutionalisierten Gelages, wo immer dieses auch stattfinden mag. Ein „cicheto" ist jener Bissen oder Happen, der dort so lange gereicht wird, bis aus einzelnen Bissen und Happen tatsächlich ein Gelage wird. Eine „ombretta" ist die Verkleinerungsform von „ombra". Diese wiederum bedeutet zunächst „Schatten", meint aber in Wahrheit jenes Gläschen Wein (meist ein Deziliter), dem für gewöhnlich ein weiteres folgen muss, weil alles andere ungewöhnlich wäre. Wenn, was in Venedig ganz normal ist, die stetige Aufeinanderfolge von „ombre" und „cicheti" nicht auf eine Lokalität beschränkt bleibt, sondern sich auf mehrere erstreckt, so wird daraus der berühmte „Giro da ombre", jener hedonistische Spaziergang, der über die Seele Venedigs mindestens soviel aussagt wie der Markuslöwe, Vivaldi, Tizian oder das Muranoglas. Nur zur Orientierung: In Venedig werden bei 60.000 Einwohnern täglich 50.000 Ombre ausgeschenkt. Sie sind also nicht allein!

Doch wir wollen diese Anleitung für einen Spaziergang durch die kleineren und größeren Osterie und Bacari von Venedig nicht beschließen, ohne auf eine weitere Wesensart des „Giro da ombre alla veneziana" einzugehen. Das Wesen dieses Spaziergangs ist, so verführerisch die Lockungen von Stockfischbissen, gedünsteten Artischockenböden, eingelegten Sardinen, marinierten Polypen, Schweinswürsten auf Polenta, Heuschreckenkrebsen, Seespinnen und anderen Köstlichkeiten auch sein mögen, **nicht** der kulinarische Genuss, **nicht** die Suche nach der Geschmacksexplosion und **nicht** der bestsortierte Weinkeller der Lagune, sondern die Kommunikation. Man geht nicht zu Laguste oder Bistecca, nicht zu Carpaccio oder Tiramisu und nicht zu Soave oder Merlot, sondern man geht zu Giorgio, Carla, Simonetta, Duilio oder Desideria. Man geht hin, weil man sie mag, und man hofft, dass sie einen auch mögen. Denn wer würde jemanden, den er mag, nicht auch anständig verköstigen?

Der Hoste ist in der Osteria der große Kommunikator. Man kennt ihn und man will von ihm erkannt oder zumindest geschätzt werden – und genau das will verdient sein. Das ist auch der Motor, der die venezianische Osteria-Kultur stetig in Schwung hält.

- - -

Cannaregio
Speisen mit Shylock, Trinken mit Tizian

Der Stadtteil, in dem das jüdische Ghetto erfunden und Tizian berühmt wurde, ist, vom Markusplatz aus gesehen, der entlegenste Teil Venedigs. Dafür erreicht man ihn schon nach einem kurzen Spaziergang, wenn man von der Ferrovia-Stazione S. Lucia oder von den Parkhäusern auf der Piazza Roma her kommt. Das alte Viertel der Kaufleute und Fischer birgt zahlreiche Sehenswürdigkeiten wie das Ca d´Oro mit seiner aufregenden Gemäldesammlung von Tizian über Carpaccio bis Bellini, die Wohnhäuser von Tintoretto und Bellini, den Palazzo Vendramin-Calergi, in dem Richard Wagner starb, den Palazzo Albrizzi, in dem Lord Byron abstieg und das Teatro Malibran, in dem Rossini mit seinem „Barbiere di Sevilla" Triumphe feierte. Besuchenswert ist auch das Museo Communità Ebraica, eine Dokumentation jüdischer Kunst, Riten und Lebensart auf dem Campo del Ghetto Nuovo.

- - -

Aal im Palazzotto

Das vor allem bei Venezianern populäre kleine Ecklokal liegt in einem in den Farben gelb und grün gehaltenen Spielzeug-„Palazzotto" mit putzigen Balkönchen und geklöppelten Spitzenvorhängen hinter den Fenstern in Waterfront-Lage mit Blick auf die Fondamenta Cannaregio, wo man im Sommer auch direkt über dem Wasser speisen kann. Ein sowohl mit lokalen Weinen als auch mit Happen und Häppchen von Salami und Käse bis zu Polpetti wohl ausgestattetes

Lokal zum Reinschauen, Schnabulieren, Nippen – und Weiterziehen. Es sei denn, man möchte bei Gerichten wie Aal-Spaghetti oder Meerspinnen-Risotto etwas länger und genussvoller verweilen.

Alla Fontana, Cannaregio 1102, Fondamenta di Cannaregio, Tel.: 041-715 077, nur abends geöffnet, R: So

– – –

Audienz bei der „Regina dei Risotti"

„Magna e bevi che la vita ´xe un lampo." So steht es in etwas kryptischem venezianischen Dialekt, aber aus tiefem önologischen Urgrund gesprochen, auf der Speisekarte, und wer wollte der Einsicht, dass der Wein das Leben zum Leuchten bringt, schon widersprechen. Schon gar nicht, wenn er (z. B. als Prosecco vom Fass) zu den Gerichten der kochenden Wirtin Maria Antonietta serviert wird, die in dieser Gegend schon seit Menschengedenken als „Königin der Risotti" gilt!

Das im positivsten Wortsinn „vollgerümpelte" Lokal wird daher auch vor allem von solchen Gästen frequentiert, die neben der urtümlich-authentischen Küche der Padrona und dem Charme des hintersinnigen Padrone vor allem die Tatsache zu schätzen wissen, dass beide noch sehr lebendige Relikte aus dem vorigen Jahrtausend sind, die voller Verve und Tatkraft in unsere Zeit herüberragen. Ganz eindeutig aus den jeweils „jüngsten Tagen" des 21. Jahrhunderts stammen indessen die Seespinnen und Seppie sowie die hier Caparozzoli genannten Vongole Verace, die als eine der besonderen Spezialitäten des ebenso verblüffend bescheiden wie preiswert gebliebenen Hauses gelten.

Antica Mola, Cannaregio 2800, Fondamenta Ormesini, Tel.: 041-717 492, R: Mi

– – –

Auf Shakespeares Spur

Cannaregio ist die Heimat von Shakespeares „Kaufmann von Venedig", also Shylocks Venedig. Und obwohl das erste Ghetto der Welt gottlob längst kein Ghetto mehr ist, findet man hier noch jüdische Lebensart, Geschäfte – und eben auch das Gam-Gam. Diese koschere Osteria befindet sich unmittelbar am Eingang zum alten Ghetto, wo man eintritt, nachdem man einen kleinen, geduckten und ziemlich finsteren Durchgang durchquert hat. Die Einrichtung ist so schlicht wie geschmackvoll, und die Karte bietet einen attraktiven Querschnitt durch die mitteleuropäisch-maghrebinische jüdische Küche. Gam-gam bedeutet übrigens „sowohl als auch", was wohl als Einladung zu begreifen ist, nicht nur eines dieser köstlichen koscheren Cicheti, sondern derer gleich mehrere zu bestellen.

Wer also länger hier zu verweilen gedenkt, der beginne seine Reise durch eine der ältesten Küchen der Welt am besten mit „Antipasti Israeliti" sowie Falafel und koste sich allmählich (und in Begleitung guter vom Rabbi als koscher approbierte Weine) durch Spezialitäten wie Polpetti vom „Gefilten Fisch", Couscous, Blintzes, Tahini, Shwarma oder Latkes.

Die althergebrachten jüdischen Speiseriten werden hier nach wie vor hochgehalten.

Ob man zum Abschluss allerdings lieber einen Grappa israeliana oder einen Vino Dolce da Kiddush bestellt, ist wohl weniger Glaubens- als vielmehr Geschmackssache.

Gam-Gam, Cannaregio 1122, Sottoportico del Ghetto Vecchio, Tel.: 041-715 284, R: Fr abends und Sa

– – –

Das Fass mit dem Bacchuskopf

In dieses Herrenlokal verirren sich nur sehr mannhafte Damen. Und über allen Köpfen liegt der Dunst des Weines, der wohlfeil aus dem goldenen Fass mit dem gelockten Bacchuskopf strömt. Wer es weniger strömend als elaboriert liebt, kommt dank eines schönen Angebotes an Spitzenweinen aus ganz Italien auch auf seine Rechnung. Und Rätselfreunde, die „La Segreta Bianca" oder „La Segreta Rossa" lüften wollen, werden freundlich darüber aufgeklärt, dass es sich dabei um zwei sehr schöne sizilianische Gewächse aus dem Hause Planeta handelt. An Bällchen, Spießchen und Seppioloni, die dazu passen, herrscht in diesem schlaraffischen Umfeld kein Mangel.

Cantine Azienda Agricola, Cannaregio 1847/A, Rio Terrà Farsetti, Tel.: 041-718 699

– – –

Schlanke Verdure unter dicken Balken

Wäre Sir John Falstaff Venezianer gewesen, zwischen so viel Wein und unter so dicken Balkendecken hätte er sich sicherlich wohl gefühlt. Die rothaarige Wirtin führt ein freundlich-strammes Regiment in dieser mittelalterlich anmutenden Schenke, die unter anderem von eisernen Gerätschaften aus einer alten Rauchküche geziert wird. Die Hausweine vom Fass sind ihr Geld wert und werden aus Karaffen angeboten, wer mehr auslegen und raffinierter kosten möchte, findet auch hier so einiges. Vor allem auch ein sehr wohl sortiertes Buffet mit sorgsam frittierten Gemüsen aller Art (besonders fein sind die Peperoni). Kosten sollte man auch die gefüllten Sarde Incinte, Fagioli con salsicce und die sehr feine Torta al papavero. Ein kleines Hinterzimmer lädt auch zu ausführlicheren Pasta- und Fischgenüssen ein.

Bentigodi Osteria di Francesca, Cannaregio 1423, Calle Selle, Tel.: 041-716 269, R: So Abend, Mo

– – –

Go, Gò, go!

Die Fassade des in einer etwas zurückgesetzten Nische direkt am Wasser liegenden Lokals verheißt Winzigkeit. Doch so klein ist diese vermeintliche Vinothek gar nicht, sie entpuppt sich schon bald als veritables Ristorante der Sonderklasse. Man erkennt es schon an der Eingangstür, deren Glasscheibe mit Stickers internationaler Guides bis zur Undurchsichtigkeit verklebt ist. Spätestens, wenn man den Grappa-Altar gleich neben der Eingangstür und vor der Schank passiert hat, weiß man jedoch, dass man in eines der berühmteren Lokale Venedigs gefallen ist (in dem man, vor allem zu den touristischen Saisonen, unbedingt auch reservieren sollte). Die ultimative Weinkarte und die Kellner in den Sommelierschürzen tun ein Übriges, um in den geduckten alten Osteriastuben so etwas wie gastronomische Würde entstehen zu lassen. Es gibt zwei Speisekarten, eine auf Fisch- und eine auf Fleischbasis. Die Signora, die deutlich hör- und mitunter auch sichtbar in der Küche zu Werke geht, beherrscht beides, vor allem den Umgang mit Gò, jenem typischen kleinen Lagunenfisch, der die Grundlage für jenen Risotto bildet, für den dieses Restaurant mit Recht weltbekannt ist (je nach Saison werden freilich auch noch andere Risotto-Variationen, z. B. mit Kürbiskernen, Spargel oder Pilzen, angeboten). Ein Menü beginne man am besten mit den rohen oder venezianischen Fisch-Antipasti. Letztere bestehen aus verführerischen Messermuscheln, winzigen Strandkrebsen auf Polenta, einem frittierten Krapfen aus Baccalà mantecato, Sarde in Saor und einer Jakobsmuschel in Vino Bianco. Als Secondi halte man sich entweder

an Branzino, Rombo und Scarpena oder an Venezianerleber und Ossobuco di vitello brasato. Beides
wird mit der dem Hause Lazzari eigenen Liebe zum
einfachen, aber exzellenten Produkt zubereitet.

Vini da Gigio, Cannaregio, 3628/a-Fondamenta San Felice,
Tel.: 041-528 5140, Mo, Jänner und August geschlossen,
(tolle Weine)

– – –

Die schwarze Kunst der alten Witwe

Es passiert einem nicht oft, dass man das Vergnügen
hat, unter einem Opernprogrammzettel des Teatro La
Fenice zu speisen, der das Datum 29. Dezember 1844
trägt und von einer lange verklungenen Aufführung
von Bellinis „Norma" kündet, in deren Mittelpunkt
die Primadonna Antonietta Montenegro stand.

Doch die „Vedova" (die heute ebenso wenig am
Leben ist wie die Montenegro) braucht mit ihren
historischen Pfunden nicht zu wuchern. Hat sie
doch in unmittelbarer Nachbarschaft des berühmten
Ca d´Oro einer der ältesten venezianischen Osteria
ihren Namen gegeben, und es ist erfreulich, dass
der Geist der alten Witwe, die eine grandiose Köchin
gewesen sein muss, auch heute noch an Lamperien,
Spiegeln und Holztischen vorbeiweht. Das Lokal ist
winzig und hat eine unverwechselbare Atmosphäre,
die – vor allem zur Winterszeit – auch von Einheimischen geschätzt wird.

Vor allem aber gilt hier die „Schwarze Kunst".
Gemeint ist natürlich keineswegs Magie, sondern
die Kunst, mit Hilfe von Tintenfischtinte die größten
Köstlichkeiten wie Spaghetti nero, Risotto nero oder
schlicht „Seppie in umido con polenta" auf den Tisch
zu zaubern.

All das tut die Küche mit derselben schlichten,
urtümlichen Raffinesse, mit der ihr auch die Lasagne
vom Radicchio di Treviso gelingt, und die auch die

Vini da Gigio, Cannaregio

Karneval am Markusplatz

Suppe von Artischocken und Kartoffeln „zauberisch" den Gaumen hinabgleiten lässt.

Der Service ist von unverbildeter Herzlichkeit, und an geeigneten Weinen aus dem Veneto und Friaul soll es auch nicht fehlen.

Alla Vedova – Ca d´Oro, Cannaregio 3912-3952, Ramo Ca d´Oro, Tel.: 041-528 5324, R: Di

- - -

Weinauslage

Stolz wie andere Lokale ihre Speisekarte präsentiert die „Fiaschetteria" (nomen est omen) ihre fast zwei Meter breite (und mit ca. 900 Positionen ziemlich klein gedruckte) Weinkarte sicherheitshalber gleich in der Auslage.

Doch auch die Speisekarte sprengt in Inhalt und Form althergebrachte Osteria- oder Enoteca-Normen bei weitem. Der thematische Bogen reicht von venezianischem Fisch bis zu toskanischem Fleisch. Meerspinne und Aal werden in eleganter venezianischer Schlichtheit präsentiert. Der Risotto di gò e bevarasse wird zwar erst ab zwei Personen kredenzt, zählt aber, ebenso wie das Bistecca Fiorentina, das nun endlich auch wieder offiziell serviert werden darf, zu den Spezialitäten, die dem Haus einen weit über Venedig hinaus reichenden Ruhm und daher auch ein internationales Publikum eingebracht haben. An diesem Ruhm ist allerdings auch die Patisserie des Hauses nicht ganz unbeteiligt. Glühendste Objekte der Begierde auf „I dolci di Marinucca" sind dabei zweifellos das „Semifreddo al Radicchio di Treviso con Salsa al Recioto di Valpolicella" und „parfait al miele e nocciole in timballo di cioccolato".

Fiaschetteria toscana, Cannaregio 5779, Salizzada San Giovanni Grisostomo, Tel.: 041-528 5281, R: Di ganztags und Mi Mittag

- - -

Venedig liegt in den Abruzzen

Von der Vaporetto-Station an der Fondamenta Nuove ist es nur ein kurzer Spaziergang bis zu dieser schattigen Innenhof-Osteria, die auch in Wirklichkeit wie auf einem Venedig-Poster aussieht. Dennoch wird hier bei genauerem Hinsehen nicht (nur) venezianisch, sondern vor allem eine Abruzzenküche gekocht, jene Gegend also, aus der auch Küchenchef Agostino stammt. Seine Orecchiette mit Scampi sollte man ebenso gekostet haben wie die Tagliolini mit Salsicce und Radicchio, seine Pasta e fagioli oder seine Hühnersuppe mit Crespelle. Milchlamm und Kitz stehen zur Saison ebenfalls auf der Karte, und wer Lust auf einen Rombo im Ganzen aus dem Ofen hat, der kann hier bedenkenlos zugreifen. Eigentlich fast schon ein Ristorante und keine Osteria mehr, wobei sowohl die Preise als auch der Charme eher zu letzterem als zu ersterem passen. Und für Venedig eine Seltenheit: Auch Freunde hervorragend gepflegter Käse kommen hier voll auf ihre Rechnung. Wer lieber Süßigkeiten mag, der halte sich indessen an die sündhaft gute, hausgemachte Crostata di cioccolato. Die servierten Hausweine sind einfach, aber gut.

Osteria La Frasca, Cannaregio 5176, Corte della Carità, Tel.: 041-528 5433, R: Di Abend

- - -

Vorrang für Gondolieri

Jetzt ist sie tatsächlich fast schon zum Jet-Set-Treff geworden, die gute alte Marisa, und gerade zu Mittag stehen sie auch geduldig an, die Reichen und Schönen, um nach den Arbeitern und Gondolieri das zu erhaschen, was hier Mangelware ist, aber nach Meinung mancher Venedig-Kenner das kulinarische Paradies verheißt: nämlich einen Tisch. Wenn man Glück hat und nicht gerade die falsche Saison erwischt, spaziert man aber auch kerzengerade hinein in Marisas Koch-Vergnügen, das den Bekochten ebenso viel Freude macht wie ihr selbst. Sie versteht sich sowohl auf Fisch als auch auf Fleisch (ein Fischmenü kann man für den Abend vorbestellen). Je nach Lust und Laune bekocht Marisa ihre Schützlinge – denn genau als solche betrachtet sie ihre Gäste – mit Brat- und Schmorgerichten von Wildschwein, Lamm, Fasan und Innereien (köstlich die leider nicht immer vorrätige Kuttelsuppe) oder aber auch mit typisch venezianischen Fischgerichten, die von den im mütterlichen Betrieb mitarbeitenden „Kindern" wort- und bei Bedarf auch gestenreich empfohlen werden.

Weniger zu empfehlen gibt es am Weinsektor. Da bestellt man den Hauswein und ist entweder einfach zufrieden, oder man geht lieber zu „Vini da Gigio".

Dalla Marisa, Cannaregio 652 b, Fondamenta San Giobbe, Tel.: 041-720 211, R: So und Mi Abend

- - -

Musikalische Ruderer

Sollten Sie nicht nur etwas für Ombre und Cicheti, sondern auch für Musik übrig haben, so sollten Sie einen Venedig-Aufenthalt nicht vorüberziehen lassen, ohne ins „Canottieri" an der Fondamenta del Macello reinzuschauen. Der alte Ruderboothafen bietet ein reizvolles Ambiente für diese Bilderbuch-Trattoria, in der sich mittags die Arbeiter aus der (für venezianische Begriffe schon recht abgelegenen) Umgebung treffen, während es abends um eine Spur eleganter zugeht. Gekocht wird typisch venezianisch: Schie (kleine Krabben) mit Polenta bianca, Moscardini nach Torcello-Art, Schwarze Tagliolini mit Muscheln, Tomaten und Basilikum, Kürbiskuchen mit Scampi und Kürbisblüten oder Lasagne mit Spargel und Gamberetti. Man isst und trinkt unter den

Ruderern jedoch nicht nur recht gut, sondern es gibt hier an Wochenenden auch Live-Musik und einen famosen Klavierspieler. Vertrauen Sie mir: Man kann inmitten dieser „Stadt der hundert tiefen Einsamkeiten", wie sie Nietzsche einmal genannt hat, durchaus auch Live-Musik hören, ohne deswegen gleich die notorischen Halbtagstouristen im Café Florian ertragen zu müssen.

Canottieri, Cannaregio 690, Fondamenta San Giobbe, Tel.: 041-717 999, R: Mo

- - -

Vivat Bacchus!

Das „Al Bacco" ist zwar weltbekannt, will aber gesucht und gefunden werden. Was nicht ganz so schwer ist, wenn man, von Santa Lucia oder Rialto kommend, erst einmal das alte Ghetto durchquert hat. Man kann aber auch mit dem Vaporetto bis Marcuola fahren und dann einen knappen Kilometer nordwestwärts wandern. So mancher hat sich angesichts des langen Anmarsches wohl schon gewundert, wie schlicht diese kleine Kneipe ist, die wie kaum eine andere am Beginn der modernen Bacaro-Welle steht. 1983 hat Roberto Meneghetti die Pforten dieses alten Gasthauses für Hafenarbeiter geöffnet, das zuweilen auch noch die jüdischen Esstraditionen dieser Gegend widerspiegelt, wenn Risotto zum Beispiel mit starken Gemüseanteilen zubereitet oder beim Baccalà die (in diesem Fall unkoschere) Milch durch Mandelmilch ersetzt wird. Im Übrigen gibt es die klassischen venezianischen Fischspezialitäten von Sardelle in Saor bis zu Scampi in Busara, zu denen sich in der Herbstsaison auch Gerichte mit Alba-Trüffeln gesellen.

„Al Bacco", Cannaregio 3054, Tel.: 041-717 493, R: Mo

- - -

San Marco und Castello

San Marco braucht man selbst jenen nicht vorzustellen, die noch niemals einen Fuß nach Venedig gesetzt haben. Liebende denken an Gondeln und Giacomo Casanova, Leckermäuler aus aller Welt lieben es als Geburtsstädte des Marzipan (Marci panis = das Brot des hl. Markus). Der Markusplatz mit Dom, Campanile und Tauben ist in Werbespots und auf Plakaten rund um den Globus allgegenwärtig, Musikfreunde kennen San Marco, den Canal Grande und die Rialto-Brücke von Monteverdi, Vivaldi, Wagner, Offenbach, Strawinsky und von den Live-Übertragungen aus dem Teatro La Fenice, Kunsthistoriker von Canaletto und Peggy Guggenheim, Literaturfreunde von Goldoni, Thomas Mann, Alfred Andersch, Ezra Pound und Ernest Hemingway, Krimi-Leser von Patricia Highsmith, Fruttero & Lucentini und Donna Leon. Und Filmfreunde verbinden damit neben Joseph Loseys berühmter Don-Giovanni-Verfilmung vor allem Lucchino Viscontis morbides Cine-Melodram „Tod in Venedig" und Daphne du Mauriers erfolgreich verfilmte Novelle „Wenn die Gondeln Trauer tragen", die vor allem den schaurig-fantastischen Reiz Venedigs thematisiert. Diese Geschichte spielt nicht zufällig im Castello, dem San Marco unmittelbar benachbarten Bezirk zwischen der Seufzerbrücke und dem düsteren Arsenal, der alten Schiffswerft von Venedig. Castello heißt der Bezirk nach jenem Schloss, das der nach dem Fall von Troja hier gestrandete Held Atenor an dieser Stelle erbaut haben soll. Ob er seinerzeit schon geahnt hat, dass das „Castello" einst auch als Bezirk der besten Hafenkneipen von Venedig in die Geschichte der Stadt eingehen würde?

- - -

Rund um den Markusplatz – an der Wiege des Nepp?

Wer sich darauf einlässt, rund um den Markusplatz essen zu gehen, der kann davon ein Lied singen. Tiefgekühlte Seezungen, die eigentlich Rotzungen sind, aber zu Hummerpreisen zu Buche schlagen, labbrige Pizze, Allerweltsspaghetti Bolognese und miese Weine ... Da muss wohl jeder einmal durch, bevor er beginnt, sich in anderen Stadtteilen nach Besserem und Preiswertcrem umsehen.

Dennoch gibt es Inseln, auf die diese Vorurteile keineswegs zutreffen, und schon gar nicht in der Nebensaison. Eine der sympathischsten davon trägt den schönen Namen „Da Carla" (früher: Pietro Panizzolo) und versteckt sich, keine fünfzig Schritte hinter dem Museo Correr am Markusplatz, hinter einem finsteren Sottoporto-Durchhaus in einer kleinen Seitengasse. Mit bunter Fassade macht es als „Ort des Gelages" (Bacaro) auf sich aufmerksam.

Das Gelage findet im Inneren auf sehr kleinen Tischen unter sehr großen Balken statt und kann sich auf das Einnehmen eines Sandwichs oder kleinen Happens beschränken, aber angesichts einer für ein so winziges Lokal durchaus beachtlichen Speisenauswahl an Antipasti, Risotti, Pasta und Fisch aber auch echt ausufern. Die Sarde in Saor balancieren equilibristisch auf dem schmalen Grat zwischen Süße und Säure, die Seppie neri con polenta sind von der eher rustikaleren, sprich äußerst geschmacksträchtigen Sorte. Raffinierte Küche findet man hier ebenso wenig wie eine bedeutende Sommelerie, dafür aber einfache Weine und eine echte venezianische Kost, über die die Padrona mit Recht sagt: „Venedig ist eine Stadt, in der man wenig isst, aber viel kostet."

Osteria Da Carla „con cucina", S. Marco, 1535 Venezia, Tel.: 041-523 7855, R: So

- - -

Auf der westlichen Seite des Markusplatzes, ein Brücklein hinter dem Markusdom und streng genommen bereits im Bezirk Castello gelegen, findet man ebenfalls zwei Adressen, die zwar nicht abseits der Touristen, aber doch abseits der üblichen Nepperei angesiedelt sind.

Die erste der beiden heißt Aciugheta, und der Name ist bereits auch das halbe Programm. Denn obwohl das Lokal nicht nur wie eine kreuznormale Pizzeria aussieht (und nebenbei auch eine ist), verbirgt sich dahinter eine ausgesprochen gut sortierte Weinbar und eine Küche, die auf Acciughe – Sardellen – und andere Fischgerichte spezialisiert ist. Lassen Sie sich also von der viersprachigen Touristenkarte ebenso wenig irritieren wie von der etwas freudlosen Einrichtung und treten Sie einfach ein. Sobald der Padrone Sie als bekennenden Weinfreund erkannt hat, wird er vielleicht auch das eine oder andere Fläschchen hervorziehen, das selbst Sie noch nicht kennen – und im Übrigen sollten Sie zunächst einmal die Namen gebenden Anchovis bestellen, die die Grundlage jedes Antipasti-Tellers bilden, auf dem sich allerdings auch andere Köstlichkeiten wie Stockfischbällchen und wunderbare Artischocken befinden.

Dermaßen in appetitanregende Laune gebracht, geht man am besten zu den Primi Piatti über und bleibt den Acciughe am besten treu, indem man köstliche Dinkelmaccheroni mit Sardellen und Zimt bestellt. Die Fischauswahl beschränkt sich auf das Übliche, ausgefallener sind indessen die Desserts wie die exzellente Zabaione vom Picolit oder „dreierlei Schokolade mit dreierlei Pfeffer", beides Einladungen, auch die exzellenten Süßweine Friauls und des Veneto zu verkosten.

Die Besitzer der Aciugheta planen übrigens zurzeit, gleich daneben ein Restaurant noch „edleren" Charakters zu eröffnen, als die einfache, aber wirklich gute Aciugheta es ist (und hoffentlich dann auch noch bleibt).

Aciugheta, Campo SS Filiippo e Giacomo, Castello 4357, Tel.: 041-522 4292

- - -

Wer dem spröden Charme der Aciugheta misstraut und es lieber hat, wenn einem beim Eintreten in ein Restaurant „warm ums Herz" wird, der sollte einfach ein paar Schritte weiter in Richtung Hotel Danieli gehen und an der nächsten Brücke Halt machen. Hinter dem rechten Brückengitter befindet sich, direkt am Wasser, die Trattoria Rivetta, deren durch das schmiedeeiserne Brückengeländer leicht erkennbare „Werbefläche" eine wirklich wohl gefüllte und appetitliche Vitrine in der Auslage neben der Eingangstür ist.

Man zögert ein wenig einzutreten, denn auch hier besteht angesichts von Lage und mehrsprachiger Speisekarte Neppverdacht (der in der Sommersaison möglicherweise nicht ganz unbegründet ist), doch die weißen Schläfen und das neckische Schnurrbärtchen des Padrone erwecken dann doch Vertrauen genug, dass man an einem der eng gestellten Tische Platz nimmt.

Was die Ambiance betrifft, so ist alles da, was Traditionalisten lieben, auch wenn es in Wahrheit niemandem fehlen würde: die dicht an dicht gehängten Gemälde von der üblichen zweifelhaften Qualität, der Bacchuskopf aus Keramik, das blutende Herz Jesu und klarerweise auch der von der Assicurazioni Generali gesponserte Markuslöwe in Gold.

Die Verdure und Fisch-Antipasti erweisen sich auch auf dem Teller als dekorativ, bekannt ist das Rivetta für seine Meeresfrüchte-Pastitio, und der empfohlene Meeresrisotto ist zwar nicht der Beste

der Lagunenstadt, spielt aber ohne weiteres im oberen Mittelfeld mit, während die Venezianerleber sogar ein rares Musterbeispiel an Zartheit ist. Dazu kommt noch, dass der Koch den weißen Zwiebeln all ihre Süße durch gebührlich langes und behutsames Schmoren entlockt hat. Vielleicht war er am Schluss ein wenig zu großzügig mit dem Olivenöl, aber wir sind schließlich in keinem Ristorante.

Die Kellner sind, allesamt, das Gegenteil neuzeitlicher Servicemanager (auch wenn sie alles recht gut managen) und sehen in ihren schwarzen Hosen und roten Pullovern aus wie Gondolieri, die rechtzeitig vor der Midlife Crisis noch einen attraktiveren Job ergattert haben.

Trattoria Rivetta, Castello 4625, Ponte San Provolo, Tel.: 041-528 7302

- - -

Zu glauben, dass diese drei Lokale ob ihrer Schlichtheit auch besonders preisgünstig sind, wäre freilich ein Irrtum. Wir befinden uns hier auf einer der teuersten Meilen der Welt, und da will Meilenmaut gezahlt sein. In den teuren wie auch in den preisgünstigeren Etablissements. In keinem davon ist sie jedoch so hoch wie in Harry's Bar.

Harry's Bar, revisited

Dass das Bessere der Feind des Guten ist, darf als Binsenweisheit gelten.

Ist deshalb aber auch das Teurere der Feind des Teuren?

Wenn es um die Preispolitik von Arrigo Cipriani in seiner „Harry's Bar" in San Marco geht, können sich die Gemüter der Gourmandise in aller Welt erhitzen. Teurer, soviel steht fest, geht's auf dieser Welt nicht. (Es sei denn, man speist in der Enoteca Pinchiorri zu Florenz, die legen vielleicht sogar noch eins drauf.) Aber allemal: Ein kleines Vorspeisen-Carpaccio, auf einem Tortenteller serviert, um 44 Euro, eine Portion Kutteln alla parmigiana mit Reis um 55 Euro, 12 Euro für ein kleines Bier und ebensoviel für ein Viertel vom Haus-Soave (Preise Stand Jänner 06), das ist im World-Wide-Wucher sicher hart an der Pole Position.

Mein Vorschlag, bevor Sie sich jetzt entrüsten: Vergessen Sie das Ganze einfach und gehen Sie nicht hin. Es ist sowieso nicht besonders schön dort. Die Sessel sind abgeschlagen, die Lederbezüge zerknautscht, und wenn man der Toilette nur Patina bescheinigt, so muss man schon ein besonders guter Freund von Arrigo Cipriani sein.

Lassen Sie uns die Sache aber einmal anders betrachten, zum Beispiel vom Standpunkt jener sechs oder sieben Herren aus, die sich da auf kleinstem Raum darum kümmern, dem Gast, selbst dem fotografiersüchtigsten Touristen, jeden Wunsch von den Augen abzulesen und ihn, auch wenn er es nicht ist, wie ein Mitglied der obersten Gesellschaft zu behandeln.

Oder betrachten wir es von der Warte der Küche aus, die wirklich nichts Besonderes bietet, das allerdings besser als überall anderswo, zumindest in Venedig, aber wahrscheinlich in ganz Italien. Nichts Besonderes wie etwa das (in seiner Schlichtheit tatsächlich ultimative und obendrein hier erfundene) Carpaccio, die Shrimps Thermidor mit Reis-Pilaf, die Caprese, die Tagliatelle mit Scampi Armoricaine, die Seezunge mit Artischocken, die Kalbsniere mit Safranrisotto, die hausgemachten Sorbets und die üppigen Torten und süßen Bomben, die der Service zum Degustieren direkt an den Tisch bringt.

Sicher: Manches könnte ausgefallener, kochtechnisch raffinierter, moderner angerichtet, intellektuell inspirierter sein. Aber als das, was es ist (und mehr gibt es ja auch nicht vor zu sein), ist es unschlagbar. Was klassische Küche betrifft, gibt Arrigo Cipriani schon einen Urmeter vor.

So befindet man sich hier also an einem Ort gehobenster Normalität – und vermutlich gerade diese will heute schon bezahlt sein. Dass das Ganze sich direkt am Canal Grande an einem der zentralsten Plätze Venedigs abspielt, macht alles noch teurer, und dass man das Gefühl hat, am selben Sessel wie auch schon Ernest Hemingway zu sitzen, macht es geradezu unerschwinglich.

Andererseits ist gerade Venedig ein gutes Beispiel dafür, dass man um nicht viel weniger Geld als in „Harry´s Bar" auch wesentlich schlechter essen kann. Was einmal mehr beweist, dass nicht nur das Bessere der Feind des Guten ist, sondern das Teurere letztlich doch auch der Feind des Teuren sein kann.

Angesichts dieser Tatsache nimmt man beim Bezahlen der Rechnung dann auch fast gerührt zur Kenntnis, dass hier – ganz im Gegensatz zum Rest Venedigs – kein Gedeck verrechnet wird.

Harry's Bar, San Marco 1323, Calle Vallaresso, Tel.: 041-528 5777, täglich von 10.30-23.00 Uhr geöffnet

– – –

Zwei Herde und ein Restaurant

Venetiens Küche in der Atmosphäre des Orientexpress – so wirbt dieses altbekannte Innenstadtlokal für sich. Das klingt zugegebenermaßen grausig touristisch und ist es wohl auch. (Silvio Berlusconi hat irritierender Weise auch schon hier getafelt, allerdings auch Giovanni Berlinguer). Die beiden durch einen kleinen Gang im Freien zu einem großen Restaurant (übrigens mit nur einer Küche) verbundenen Bürgerhäuser, in deren einem sich einst

auch eine berühmte Bäckerei befand, haben freilich dennoch ihren Reiz, dem sich offenbar auch italienische Geschäftsleute nicht entziehen können. Denn es speist sich schon ganz comme-il-faut in den etwas überladenen Räumen des leidenschaftlichen Gastronomen Eligio Paties, die allerdings weniger an einen Speisewagen als, dank der opulent aufgebauten Antipasti-Türme, eher schon an Marco Ferreris Film „La Grande Bouffe" erinnern. Die Speisekarte lässt, was venezianische Küche betrifft, kaum einen Wunsch offen. Erfreulicherweise gibt es neben den üblichen venezianischen Fischspezialitäten (z. B. Scampi und Capesante auf Rucola mit Limonenöl, Capesante „Casanova" mit Steinpilzen, Linguine „Tintoretto" mit Hummersauce) auch Stinco di Vitello, zartes Milchlamm und fleischeslustige Genüsse vom gegrillten Chianina-Rind bis hin zu den Kalbsnieren mit schwarzem Senf. Der Service beweist, was man gemeinhin Grandezza nennt. Die Preise sind hoch, aber längst nicht so hoch wie anderswo in Bella Venezia, wo man längst nicht so gediegen speist.

Do Forni, San Marco 457/468, Calle dei Specchieri, Tel.: 041-523 2148, R: keiner

– – –

Gaumennerven und Nervetti

Wenn ein Bacaro in der Malvasiagasse liegt, so lässt dies tief blicken, und zwar keineswegs nur ins Glas, sondern auch in die Kochtöpfe, in denen schön-schaurig-gallertige Nervetti (Kalbsköpfe) ebenso anzutreffen sind wie Bigoli in Salsa und Risotti, die hier gleich mehrmals am Tag frisch gemacht werden. (Glücklich der, der das Lokal betritt, wenn ein Risotto gerade mit dem Okay der Küche auf den Tisch kommt.) In der Vitrine türmen sich höchst appetitlich (wenngleich statisch etwas

bedrohlich) aufgeschlichtete Chiceti, dahinter wird eifrig frittiert. Und eine durchaus vorzeigbare Fegato alla Venexiana gibt es auch.

Osteria al Portego, Castello, Calle della Malvasia, Castello 6015, Tel.: 041-522 9038, R: Sa, So Mittag (nur in der Wintersaison)

- - -

Der Panini-König von San Bartolomeo

Nein, vorbei kommt man hier nicht. Da muss man sich schon durch einen etwas düsteren Sottoporto bemühen, um in den schattigen Campiello nahe San Bartolomeo zu gelangen. Voll ist es hier fast immer. Denn die Preise für das Gebotene sind im selben Maß verträglich wie die Qualität hoch ist. Köstlich-knusprige Mini-Panini mit verschiedenen Füllungen werden hier angeboten und immer wieder frisch nachgefüllt. Kreativ sind sie allemal, da das Füllsel über die übliche Formaggio e Prosciutto-Routine weit hinausreicht und auch Lardo di Collonata, Hühnersalat, Spanferkel mit Radicchio, Spargel mit Ei oder Shrimps mit Steinpilzen einschließt. Dass das Stück 1,50 Euro kostet, macht dieses Vergnügen, in Kombination mit der einen oder anderen Ombretta, zu einer wohlfeil-schlaraffischen Schlemmerei und straft somit den Namen des Lokals auf angenehme Weise Lügen. Denn „Grobiane" wie jene „quattro rusteghi", die Carlo Goldoni für seine Commedia dell´Arte ersonnen und wie sie der Venezianer Ermanno Wolf-Ferrari zu musikalischem Leben erweckt hat, sind die Hauptdarsteller dieses sympathischen Bacaro keineswegs. Dafür sind es auch nicht nur vier, sondern viel mehr. Über dreißig Panini sind nämlich zurzeit im Programm.

Ai Rusteghi, Campiello del Tentor, San Marco 5513, Tel.: 041-523 2205, R: Sa Mittag (im Winter) und So

- - -

Comic Bacaro

Sich durch das von Padrona Rita Proietto empfohlene Antipasti-Furioso hindurchzuschlemmen, gehört ebenso zu einem Venedig-Besuch wie das Füttern der Tauben am Markusplatz. Tatsächlich handelt es sich um ein wahres Feuerwerk von winzigsten Gängen wie Sardine in Saor, gefüllte Seespinnen, Teufelskrabben, Stachelschnecken, Stockfisch-Polenta, gefüllte Calamari und vieles mehr. Wer nach diesem überdimensionalen Appetitanreger noch Platz und Gusto hat, der wird mit Petersfischfilet in Orangensauce oder einem köstlichen Aalgericht namens Bisato su l´ara aufs Beste bedient. Die jüdisch-venezianischen Desserts sind, so man bis zu ihnen vordringt, eine Klasse für sich. Die Weinauswahl ist ausreichend. Das Publikum war früher betucht und venezianisch. Heute ist es betucht und stammt großteils aus dem Ausland. An der Qualität hat sich, etlichen Umbauten und Preiserhöhungen zum Trotz, nichts geändert. Keine Frage: Das „Corte Sconta" in der Calle de Pestrin ist nach wie vor einen Besuch wert. Und man erreicht es leichter, als man glaubt, indem man so lange vom Markusplatz in Richtung Arsenal marschiert, bis man, nach Überquerung etlicher Brückchen, direkt davor steht. Das Lokal stammt aus den 30-er Jahren und ist nach einem dazumal besonders populären Comic-Helden benannt. In einer (fast zu) stimmigen Ambiance der Hell-Dunkel-Kontraste lässt man sich eine Flasche Vino della Casa kredenzen, der ein wenig stürmisch, aber durchaus trinkbar ist. Selbstredend gibt es keine Karte, doch die schwarzhaarige Kellnerin versteht es mit ihrem Charme ohnedies, jeden Gast dazu zu bringen, dass er das bestellt, was sie will, nämlich zunächst einmal Asagio di Mare und anschließend Spaghetti neri. Das klingt harmloser, als es ist, denn das Asagio läuft schon seit vielen Jahren wie nach einem genau fixierten Drehbuch ab und erweist sich als ein mehrgängiges Feuerwerk von Messermuscheln, Meerspinnen in der Schale, verschiedenen Muschel- und Seeschnecken-arten, Katfischmousse und Polenta sowie Sardinen mit Pignoli und Rosinen. Wem – nach den unvermeidlichen Spaghetti – noch etwas Platz im Magen bleibt, der sollte einen der Fische vom Grill, vielleicht Rotbarben mit Radicchio di Treviso, probieren. Respekt vor jedem, der dann noch eine Zabaione mit biscotti schafft. Da helfen nur noch Café und Grappa.

Corte Sconta, Castello, Calle del Pestrin, 3886, Tel.: 041 522 7024, R.: So, Mo

– – –

Corte Sconta

An American Wife in Venice

Sollten Sie amerikanophob sein, so meiden Sie bitte das Al Covo. Diane, die Frau des Besitzers, kann und will ihre amerikanischen Wurzeln nicht leugnen und ist bei Bedarf auch willens, Ihnen die lange, romantische Geschichte zu erzählen, die sie über den Großen Teich in diese kleine, feine Osteria unweit der Riva degli Schiavoni in der Nähe von San Zaccaria verschlagen hat. Man kann sich in dieser gepflegten Trattoria, die durchaus (auch preislich) zu Ristorante-Qualitäten aufläuft, zwar darauf verlassen, venezianische Fischküche vom Saubersten und zuweilen sogar vom Allerfeinsten (bemerkenswert der Bollito di Pescata) vorgesetzt zu bekommen, aber man wird vermutlich von mehr Amerikanern als Venezianern umringt sein, die die amerikanisch („rich" lautet das Stichwort) angehauchten Desserts zu schätzen wissen. Auch Weinfreunde kommen in diesem stets ausgebuchten Lokal voll auf ihre Rechnung.

Al Covo, Castello 3968, Campiello della Pescaria, Tel.: 041-522 3812, R: Mi und Do

– – –

Beim „Erfinder" der Enoitecha

Mauro Lorenzon hat nicht nur einen höchst informativ und vergnüglich zu lesenden Vinothekenführer durch Norditalien verfasst, sondern illustriert in der Nähe von Santa Maria Formosa auch selbst Abend für Abend, was seine Enoitecha-Philosophie ist: Diese umfasst nämlich wesentlich mehr als nur Weinberatung und -verkauf, sondern sie stellt Wein in unmittelbaren Zusammenhang mit agrarischen Produkten und Kochtraditionen der Region. In seinem nach einem venezianischen Bootstyp benannten Bacaro stellt Mauro Lorenzon (nebenbei bemerkt eine Seele von Wirt) nicht nur das Beste aus den Weingärten Friauls und des Veneto (darunter auch Trouvaillen von Specogna, Serafini & Vidotto, Lispisa, Quintarelli und Verrazzano) vor. Seine Weinkarte hat 400 Positionen und spiegelt obendrein auch noch Mauros deklarierte Liebe zu „Sprudeln" aller Art von Prosecco bis Champagner wider. Bei der Einrichtung seines Lokals hat Mauro Lorenzon sich, wie er freimütig zugibt, an alten Nouvelle-Vague-Filmen orientiert, was der Atmosphäre seines Bacaro auch einen angenehmen, unaufdringlich-intellektuellen Touch verleiht. Falls Mauro nicht da sein sollte, vertraue man sich getrost seinen beiden „Mitwirten" Gigi und Momi an, unter deren Führung man sich nicht nur durch die Weinregionen, sondern auch durch ein wahres Schlaraffenland an Meeresfrüchten und frischen Fischen schlemmen kann.

La Mascareta di Lorenzon, 5183 Castello, Calle Lunga S.M. Formosa, Tel.: 041-523 0744, R: Mi, Do

– – –

Remigio – der Klassiker

Stets bis auf den letzten Platz gefüllt und äußerst atmosphärisch; von Touristen zwar entdeckt, aber nicht überlaufen. So präsentiert sich diese Vorzeige-

Trattoria unweit der Ponte dei Greci auch nach der letzten (gottlob behutsam erfolgten) Renovierung. Wer die Gnocchi alla pescatora, die hier serviert werden, nicht verkostet hat, der kennt – so sagen zumindest die Fachleute – Venedig ebenso wenig wie jeder, der sich noch niemals von Pino, dem sprachenkundigen Kellner des Hauses, in ein Gespräch verstricken ließ. Die Fischküche steht im Vordergrund, die Canoce sind (zur Saison) ebenso zu empfehlen wie die Pilzgerichte. Alles in allem geht es hier recht klassisch her, die angebotenen Weine begleiten das Menü, stehen aber nicht im Vordergrund der Darbietung.

Da Remigio, Salizzada dei Greci, Castello 3416, Tel.: 041-523 0089, R: Mo Abend und Di

– – –

Metropolitane Küche mit venezianischer Grandezza

Das Hotel Metropole ist für Insider (z. B. für Sigmund Freud und Marcel Proust) schon immer das „bessere Danieli" gewesen, und seit Corrado Fasolato (der hoch dekorierte frühere Küchenchef des „Siriola" im südtirolerischen San Cassiano) hier aufkocht, hat das an solchen nicht wirklich reiche Venedig wieder eine allererste kulinarische Adresse. Die Gaumenfreude beginnt schon ab 17 Uhr an der Hotelbar, wenn hier die zurzeit wohl mit Abstand besten Cicheti der Stadt gereicht werden. (Mittags gibt es einen Tagesteller, der sein Geld mehr als wert ist und in der Sommersaison im lauschigen Garten gereicht wird.) Am Abend herrscht dann, bei dezentem Klavierspiel, freilich die „große Kür" von Fasanenterrine über Kalbstatar mit Kaviar und köstlichen Gnocchi mit superb abgeschmecktem Kaninchen-Sugo bis hin zum mit absoluter Grandezza zube-reiteten Branzino mit Mandelmilch und Caponata. An köstlichen Tropfen dazu soll es nicht fehlen.

Musikfreunde, die wissen, dass der „Prete Rosso" Antonio Vivaldi in diesem Gebäude einst seine schönen Schülerinnen im Geigenspiel unterrichtete, können sich an den hier gebotenen Geschmacksharmonien gleich doppelt erfreuen.

Ristorante Met im Metropole Hotel, Riva Degli Schiavoni, 4149, Castello, Tel.: 041-520 5044, R: Mo

– – –

San Polo, Santa Croce und Dorsoduro

Vaporetto-Fahrer sehen diese drei Stadtteile fast nie. Denn sie liegen exakt zwischen der Piazza Roma und der Stazione Santa Lucia, wo die Venedig-Besucher ankommen, und dem Canal Grande, den sie entlang fahren, um zu Rialto oder San Marco zu gelangen. Gerade dieses „andere Ufer" ist jedoch besonders reich an Reizen abseits der ausgetretenen Sightseeing-Pfade. Museenbesucher finden in Santa Croce etwa das Museo d´Arte Moderna und das Museo Orientale, beide im Ca´ Pesaro am Canal Grande. Freunde der in Venedig geborenen Commedia dell´Arte wandeln im Museo Goldoni am Campo San Tomà in San Polo auf deren Spuren. Und in Dorsoduro ist der Besuch des Guggenheim-Museums sowie der Galleria dell´Accademia absolute (Bildungs-) Bürgerpflicht. Und jedem, der ein plötzlich aufkeimendes Bedürfnis nach Frühstücksschokolade verspürt, sei ein Besuch des Museo del Settecento Veneziano im Ca´Rezzinico am Canal Grande geraten, wo er neben einer besonders appetitlichen Darstellung dieser Köstlichkeit auch zahlreiche andere Gemälde aus dem alten venezianischen Alltagsleben finden wird. Wer freilich weniger Appetit auf Kunst als auf etwas irdischere Genüsse hat, der ist jenseits der

Rialto-Brücke besonders gut aufgehoben und betritt gleich nach deren Überschreiten das venezianische Schlaraffenland schlechthin: den Rialto-Markt in San Polo. Ganz besonders lohnt sich hier ein Besuch des Campo della Pescharia, des Fischmarkts, wo echte Venedig-Schlemmer jeden Venedig-Besuch beginnen.

Hier erfahren sie (je früher am Morgen, desto besser) wie an einer Börse, welches Meeresgetier gerade Saison hat und wonach es sich daher in den Bacari, Trattorien und Ristoranti, von denen es in der Umgebung zahllose gibt, auch zu fragen lohnt.

San Polo, gemeinsam mit dem anschließenden Santa Croce, dank vieler Dach- und Hintergärten auch gerne „Venedigs grünster Bezirk", aber ebenso zu Recht „der Bauch von Venedig" genannt, ist nicht zufällig auch der bevorzugte Bezirk Donna Leons, wenn es darum geht, Commissario Brunetti und seine Gesprächspartner mit Ombre und Cicheti zu versorgen.

Dorsoduro wiederum hat andere Reize. Die „Heimat der Gondolieri", in deren Suero-di-San-Trovaso-Werft die Gondeln auch gebaut werden, ist eines der urtümlichsten Viertel Venedigs geblieben. Und da sowohl der Gondelbau als auch das Gondelfahren recht Kräfte raubende Beschäftigungen sind, verwundert es auch nicht, wenn die wenigen Trattorien Venedigs, die sich statt auf Fisch- auf Fleischküche spezialisiert haben, in diesem Stadtteil zu finden sind.

- - -

Im ältesten Venedig

In einer der ältesten und traditionsreichsten Trattorien Venedigs (das Gebäude stammt aus dem neunten Jahrhundert) wird man sich zwar kaum jemals nur unter Venezianern, aber dafür in der Umgebung klassischer venezianischer Genüsse in authentischer Zubereitung wieder finden. Alte Rezepte wie Bigoli in Anchovisauce, eine ausgezeichnete Pasta e fasioi (die

klassische venezianische Bohnensuppe mit Nudeln, Zwiebeln, Stangensellerie, Karotten und Pancetta-Speck), Seppie col nero (Tintenfische in der eigenen Tinte) und feine Leckereien wie Lo Zabajon (Zabaionecreme vom Malvasia), Frittelle alla Veneziana (venezianische Faschingskrapfen) und die unwiderstehlichen Biscottini con Fragolino (einem nach Erdbeeren schmeckenden Wein aus einer Direktträgerrebe) wurden hier schon zu einer Zeit hochgehalten, als die Bacaro-Welle noch nicht einmal im Anklingen war. Die Atmosphäre ist so schlicht wie elegant und hat literarisch-künstlerisches Flair.

Trattoria Antica Besseta, Santa Croce 1395 - Salizada de Cà Zusto, Tel.: 041-721 687, R: Di und Mi, jeweils mittags

- - -

Beim alten Fischbrater

Der „Vecchio Fritoin" ist eine uralte Fischbraterei im Stadtteil Santa Croce, deren zeitweiliges Zusperren die Venezianer so traurig machte, dass es dabei nicht bleiben konnte. Keine Geringere als die Südtirolerin Emmy Hellriegl, die langjährige Padrona der mit vier Hauben dekorierten und mittlerweile leider geschlossenen Villa Mozart in Meran, machte sich um die Neugründung verdient, bevor sie auch von hier wieder zu neuen Gestaden aufbrach. Allein, der „alte Frittierer" funktioniert wieder, wobei es in dem aus dem 15. Jahrhundert stammenden Gebäude, in dem nicht nur eine Königin von Zypern zur Welt kam, ganz und gar nicht nach Friteuse riecht. Wie einst gibt es hier frittierten Fisch mit Polenta und andere kleine Appetithappen vom Stockfisch über die Bigoli-Nudeln in Sardellen-Zwiebelsauce bis hin zur Mandeltorte. Auf den rot-weiß gedeckten Tischen landet unter offenem Gebälk und im Dämmerschein mundgeblasener Murano-Glaslampen jedoch auch noch

Vecchio Fritoin

Elaborierteres wie Messermuscheln, Gänsebrust mit Fenchel, Kartoffelpüree mit Mazzancolle, Steinbutt im Ganzen aus dem Ofen und Angussteaks. Bodenständigkeit und Eleganz halten sich erfreulicherweise die Waage und verleihen dem „Vecio Fritoin" jene Unverwechselbarkeit, die sich auch in zahlreichen, in der Auslagenscheibe ausgestellten Zeitungsausschnitten aus aller Welt widerspiegelt.

Vecchio Fritoin, Santa Croce 2262, Calle della Regina, Tel.: 041-522 28 81

– – –

Madonna, nicht diese Flecken!

Nicht besonders fashionabel, aber dafür umso authentischer, erstreckt sich der Ortsteil San Polo in unmittelbarer Nähe der Rialto-Brücke, wo sich auch dieses unverfälschte und für venezianische Verhältnisse überraschend preiswerte Familienrestaurant befindet, das freilich schon einmal „geheimer" war als es, von „Insidern" bereits tausendfach empfohlen, heute ist. Geändert hat sich allerdings in den letzten zwanzig Jahren erfreulicherweise recht wenig: Einfache Pastagerichte, ausgezeichnete Spaghetti neri und eine unverfälschte Fischküche finden hier zahlreiche Abnehmer unter Einheimischen wie Touristen. Dazu trinkt man unprätentiöse Weine zu grundsoliden Preisen. Die „Madonna" in San Polo, dem preisgünstigeren der beiden Bezirke links und rechts der Rialto-Brücke, erscheint fast wie ein biederes, altmodisches Familienrestaurant. Was es über andere Lokale hinaushebt, sind Atmosphäre und Preisgestaltung. Man kann hier, einen Katzensprung von der Rialto-Brücke entfernt, tatsächlich recht wohlfeil und überdies unter vielen Einheimischen speisen, unter die sich mit Vorliebe auch kunsthistorisch interessierte Wiener Pensionistinnen zu mischen scheinen.

Die Ober sind durchwegs starke Persönlichkeiten, jeder ist sein eigener Charakterdarsteller, und der Chef eines Casting-Büros in Hollywood könnte hier auf einen Schlag Mafiafilme, Liebesfilme, Horrorfilme, Piratenfilme und Melodramen auf Jahre hinaus besetzen.

In der Mitte des Lokals befindet sich, wie ein Altar, ein groß angelegtes Rechaud. Die Spaghetti werden zwar in der Küche vorbereitet. Doch die Tintenfischsauce, die wie frischer Teer auf der heißen Platte blubbert, wird vom Camariere mit gehörigem Schwung mittels eines Schöpfers auf den Teller bugsiert. Es grenzt nahezu an ein Wunder, wie die Maestri des Services es schaffen, ihre blütenweißen Sakkos auf die Dauer frei von hässlichen Tintenflecken zu halten. Selbst ist man dabei meistens weniger glückvoll, und ein schwarzer Spritzer ist schneller am T-Shirt, als man eine Gabel voll Spaghetti verschlucken kann.

Mein Tipp: Ärgern Sie sich nicht und betrachten Sie den Tintenklecks lieber als Trophäe. Schließlich ist Seppia-Tinte, neben Vino sfuso (vom Fass) und Grappa, eines der Lebenselixiere in den Bacari und Osterie der Lagunenstadt.

Madonna, Rialto San Polo, Calle della Madonna 594, Tel.: 041-522 3824, R: Mi

- - -

Sterntaler

Seine Sonderstellung unter den zahllosen venezianischen Osterie verdankt dieses mittlerweile weltbekannte Etablissement vor allem dem Umstand, dass Küchenchefin Mara Zanetti sich wie keine andere um alte venezianische Rezepturen wie Risotto mit Scampi und Steinpilzen, Moscardini mit Fenchel, Branzino in Balsamico-Essig oder Steinbutt in Kartoffelkruste

angenommen und diese auf ihre unnachahmliche Weise verfeinert hat. Der Michelinstern für dieses Lokal hat sich zwar Preis treibend ausgewirkt (man zahlt gewissermaßen mit „Sterntalern"), ist aber schon deshalb wohlverdient, weil das Da Fiore zu Recht mit all jenen typischen Cicheti, die schon fast vergessen waren, zum Ausgangspunkt der weltweiten Osteria-Renaissance geworden ist. Das Lokal ist – Sterne-Adel verpflichtet – für eine Osteria geradezu elegant eingerichtet und auf feine venezianische Fischküche spezialisiert, in der von Moscardini und Canestrelli über Garusoli und Canoce bis hin zum im Ganzen gebratenen Steinbutt nichts fehlt. Ausgezeichnet ist auch die Käseauswahl, die unter anderem mit Vezzena, Castelmagno und feinen Ziegenkäsen aufwartet. Die Ambiance ist, ebenso wie der Service, typisch venezianisch, die Weinkultur für die kellerlosen Lagunenverhältnisse gar nicht übel. Das Publikum ist eher chic und nicht immer ganz so italienisch, wie es sich jene Touristen, die am liebsten nur unter Italienern speisen, wünschen würden.

Osteria da Fiore, San Polo, Calle del Scaleter 2202/A, Tel.: 041-721 308, R: So, Mo

- - -

Das Haus der feinen Kutteln

Fast anderthalb Jahrhunderte gibt es sie schon, diese alte venezianische „Tripperia" (Kuttelhaus), die Ende der 80-er Jahre von Bruno Ruffini, seines Zeichens gelernter Bootsbauer und mittlerweile auch Fisch- und Gemüsehändler am nahen Rialtomarkt, zu einem „Hot Spot of Town" ausgebaut wurde. Zum klassisch – in verschiedenen Saucen – zubereiteten Blättermagen (trippa lessa), der schon am Vormittag als kleiner heißer Happen auf Butterpapier gereicht wird, haben sich im Laufe der Zeit freilich auch andere Preziosen aus der diesbezüglich äußerst reichhaltigen Fisch- und Gemüseküche gesellt. Besonders kräftigend sind die Vollwert-Bigoli in Sardellensauce, köstlich auch die Mazzancolle (Garnelen) mit Ruccola und Radicchi, vor allem aber auch die schon legendären Kürbisgnocchi. Man speist an kleinen Tischen in einem winzigen, in Separée-Purpurrot gehaltenen Salon, in dem auch Freunde regionaler Weine auf ihre Rechnung kommen.

Osteria Antico Dolo, 778 San Polo, Rugia Vecchia San Giovanni, Tel.: 041-522 6546, R: So

- - -

Auf Ihr Wohl, Commissario Brunetti!

Wenn Donna Leons Commissario bei einer simplen Ombretta über komplexe Tathergänge nachdenkt, so tut er dies – wie die Autorin freimütig gesteht – am liebsten in dieser kleinen Stehweinschenke in San Polo, unweit der Rialto-Brücke. Sie bietet mit ihrem düster-vollgerammelten Ambiente in der Tat einen idealen Rahmen für atmosphärische Krimis. Der Legende nach soll in der 1462 eröffneten Kneipe sogar schon Giacomo Casanova einen gehoben haben. Und alleine die Feststellung, wie viele Kupferkessel da wirklich zu Häupten der Trinker hängen, erfordert detektivische Bemühungen. Wie fast alle Bacari dieser Gegend ist auch das „Do Mori" eine echte Marktkneipe, in der sich die Standler ein Stelldichein geben und nichts dagegen haben, wenn Venedig-Kiebitze aus aller Herren Länder sie bei ihrem Nichtstun beobachten. (Und wenn sie, was verständlich wäre, etwas dagegen hätten, so zeigen sie es zumindest nicht.) In großzügigen Mengen fließt hier der ausgezeichnete Prosecco aus Valdobbiadene, der – nebenbei bemerkt – vorzüglich zu den ausgezeichneten Tramezzini, den gedünsteten Castraure

(winzigen Artischocken von der nahen Insel St. Erasmaso) sowie zum köstlich-cremigen Stockfischpüree passt, das auf Weißbrotscheiben serviert wird.

Cantina do Mori, San Polo 429, Zugang Calle Galiazza und Calle Do Mori, Tel.: 041-522 5401, R: So

- - -

Post aus dem Cinquecento

Wer der anheimelnden Hässlichkeit venezianischer Bacaro-Kultur einmal überdrüssig ist und sich „was wirklich Schönes" gönnen möchte, der kann in dieser alten Poststation eine längere Pause vom „Giro da Ombre" einlegen. Keine Angst: Pakete und Briefe türmen sich hier nicht mehr. Aus der Poststation wurde ein veritabler Palazzo mit flackerndem Kaminfeuer in freskengeschmückten Zimmerfluchten, in denen man bei Kerzenlicht eine typisch venezianische Fischküche genießen kann. Bedenkenlos übrigens, denn die Rohstoffe stammen von der nahen Pescheria. Früher einmal kam man hierher, um „lumache al Barolo" – ein berühmtes Froschgericht – zu essen. Heute gibt es politisch Korrekteres, wie es freilich fast überall in Venedig angeboten wird. Mag sein, dass es anderswo noch ein wenig raffinierter mundet. Romantischer serviert als in diesem schmucken Cinquecento-Palast, in dem man auch übernachten kann, wird es allerdings selten.

Antica Trattoria Poste Vecchie, San Polo 1612, Rialto Pescheria, Tel.: 041-721 037, 721 822, R: Di

- - -

Auf Peggy Guggenheims Spur

Der Guide Michelin führt es nur als einfaches Hotel, in dem man tatsächlich abseits der Touristenströme, aber in kunstfreundlicher Nähe zu Accademia und

Guggenheim-Museum, ohne großen Pomp, aber zu leidlich räsonablen Preisen übernachten kann. Abgesehen davon ist diese alte Kneipe, die einst ein Stammlokal von Peggy Guggenheim und ihrem Künstlerkreis war, immer noch ein Geheimtipp für alle, die im Gondoliere-Viertel authentisch, aber mit einer spürbaren Prise Kreativität (für die Kocholympiaden-Silbergewinner Pierluigi Lovisa verantwortlich ist) venezianisch speisen wollen. Padrona Anna Linguerri dirigiert den ausgezeichneten Service so wohl im gemütlichen Inneren unter Balkendecken als auch, im Sommer, im wunderschönen „Weingarten" des Restaurants gleichermaßen souverän. Traditionell werden in diesem Restaurant neben Fischgerichten wie Baccalà al fumo d'aglio con toast di alici e cipolle stufate und Filetto di rombo con marmellata di peperoni verdi e uvetta sultanina vor allem Fleischgerichte von Wachteln bis Kaninchen und von Lamm bis Gänsebrust serviert. Die ausgezeichnete Schokoladenauswahl aus dem Hause Amedei sorgt, in Begleitung eines Gläschens Barolo Chinato von Cocchi, für ein äußerst harmonisches Ende. (Auf ein solches hoffen auch all jene, die davon gehört haben, dass das Agli Alboretti am 8. Jänner 2006 zwischenzeitlich geschlossen wurde, aber zu einem späteren Zeitpunkt wieder eröffnet werden soll.)

Ristorante Agli Alboretti, Accademia, Dorsoduro 884, Tel.: 041-523 0058, R: keiner

- - -

Antica Trattoria Poste Vecchie

Risotto di secole

Wer der trotz allen Variantenreichtums auf die Dauer doch etwas anämischen italienischen Fischküche überdrüssig geworden ist, der ist in diesem einen Steinwurf von Guggenheim-Museum und Accademia gleichermaßen entfernten Trattoria an der Ponte de

Formager gut aufgehoben. Sie trägt ihren Namen nach jenen Gondolieri, deren Arbeit zu Kraft raubend ist, als dass die verbrauchten Kalorien nur mit Fisch und Meerestieren wieder aufgewogen werden könnten.

Ähnlich Kraft raubend können durchaus auch Galeriebesuche sein, und wer zwischen Tintoretto und Picasso einen „Hunger wie ein Gondoliere" bekommt, der wird sich über Patron Giovannis Fleischtöpfe sicher freuen. Die Standardkarte spiegelt die Bandbreite der Gondolier´schen Kochkunst allerdings nicht wirklich wider. Wer Glück hat (oder danach fragt bzw. vorbestellt), bekommt hier schon auch einmal exzellentes Fohlenfleisch oder ausgefallene Innereien als nur die „Fegato Veneziana" vorgesetzt. Berühmt ist das Lokal übrigens vor allem für seinen „Risotto di secole" geworden, ein klassisch venezianisches Fleischgericht, das aus Küchenabfällen bzw. Abschnitten von Rinds- und Kalbsknochen sowie Stangensellerie, Karotten, Weißwein, Butter, Parmesan und einer Prise Muskatnuss zubereitet wird.

Ai Gondolieri, Dorsoduro 366, Fondamenta Zorzi Bragadin, San Vio – Venezia, Tel.: 041-528 6396, R: Di

- - -

Kakao am Zahnstocher

Die Venezianer nennen sie schlicht „Cantinon". Auf dem Schild steht jedoch „Cantine de Vino giá Schiavi". So oder so signalisiert der Name jedoch, dass es hier in erster Linie um den Wein geht. Die alte Enoteca ist düster wie eine Buchhandlung aus der Zeit, bevor das elektrische Licht erfunden wurde. Dafür leuchten die Augen der Kenner umso mehr, wenn sie die oft recht raren Flaschen in den Regalen zu schätzen wissen. Köstlich munden dazu die unzähligen Panini und Crostini (darunter auch so kühne Kreatio-

nen wie Thunfisch und Sauce-Tatar mit Kakao), die in der Vitrine, auf Zahnstocher gespießt, darauf warten, möglichst frisch schnabuliert zu werden.

Cantinon giá Schiavi, Dorsoduro 992, Ponte San Trovaso, Tel.: 041-523 0034, R: So Mittag, ansonsten von 8.00-20.30 Uhr geöffnet

- - -

Unter Seefahrern

Wiewohl unter Venezianern auch heute noch ein beliebter „Geheimtipp" abseits der ausgetretenen Tourismuspfade, hat es die alte Hafenkneipe im San-Barnaba-Viertel auch schon bis in die „Schlagzeilen" der New York Times gebracht, allerdings zweifellos als „Good News" verpackt. Furatola – das bedeutete einst nicht nur nahrhaft, sondern auch finster und zwielichtig. Heute steht die Bezeichnung jedoch für Fische und Meeresfrüchte allererster Qualität. Der im typisch altvenezianischen Stil eingerichtete Speisesaal ist zwar nicht groß, strahlt aber dank weißer Tischtücher Sauberkeit und sogar eine gewisse Eleganz aus. Man bestellt am besten, was einem empfohlen wird, und das sind zunächst einmal – hintereinander serviert – gekochte bzw. gedämpfte sowie marinierte und eingelegte Meeresfrüchte von den Heuschreckenkrebsen über die Tintenfische bis hin zu den ausgezeichneten Sarde in Saor. Wer jetzt eine kleine Meeresfrüchtepasta folgen lassen will, kann dies getrost tun. Um „satt" zu werden, reicht aber auch der herrliche Brodetto (Fischsuppe), der keinen Wunsch offen lässt und eine wahrhaftige Hauptspeisenportion ist – oder aber man lässt sich einen Angler oder eine Seezunge vom Grill zubereiten und mit einem kleinen, frischen Salat servieren. Wer dann am Schluss noch „etwas Frisches" braucht, der ist mit dem „handgerührten" Sgroppino bestens bedient.

Die Veneto-Weine sind, wie meist in Venedigs „echten" Hafenkneipen, eher in den Nebenrollen zu finden und unterstreichen die Fischgenüsse, ohne sich in den Vordergrund zu spielen.

Antica Trattoria Furatola, Dorsoduro,
Calle lunga San Barnaba 2870, Tel.: 041-520 8594,
R: Mo Mittag und Do

- - -

... und noch ein paar Inseltipps

Der Weg ist das Ziel. Das sagen sich immer wieder zahlreiche Fisch-Gourmets, die beschließen, sich auf zum Inselhüpfen rund um Bella Venezia zu machen. In ganz besonderem Maße gilt dies für die „Reise" nach San Pietro in Volta auf der Insel Pellestrina, die man erreicht, wenn man zunächst von San Marco-Zattere auf den Lido übersetzt und dort den Bus Nummer 11 nimmt, der über Malamocco nach Alberoni fährt und zuletzt – nach einer abermaligen Fährüberfahrt – in Pellestrina landet, wo man nach einem kurzen Fußmarsch dann tatsächlich das Ziel aller ichthyophilen Sehnsüchte, das „Da Nane" mit seiner schönen Panoramaterrasse, erreicht. (Mit dem Taxiboot lässt sich diese kleine „Weltreise" wesentlich abkürzen, aber auch enorm verteuern; relativ schnell erreicht man Pellestrina auch von Chioggia aus.) Belohnt wird man mit einem „wunderbaren Fischfang", der, wie auch viele Venezianer meinen, alles übertrifft, was es sonst in der Lagunenstadt gibt. Leider wissen das auch schon viele Touristen, weshalb wahre Insider ins „Da Memo" ausweichen, wo man in durchaus ähnlicher Qualität direkt am Steg speisen kann.

Einen Fixpunkt auf dem Inselhüpfplan von Venedig-Reisenden stellt auch die Glasbläser-Insel Murano dar, wo man am besten in der Trattoria „Ai Cacciatori" an der Fondamenta Vetrai einkehrt. Leider (oder gottlob) gibt es in diesem vor allem von Einheimischen aufgesuchten Fischlokal kein Telefon. Aber man findet es ganz leicht unweit der Anlegestation des Vaporetto von Venezia nach Murano. Sonntag Ruhetag. Es liegt in der Nähe von der Anlegestation.

Eine ganz andere gastronomische Welt suchen und finden all jene, die nach Torcello fahren und dort einen Tisch in der weltberühmten Locanda Cipriani reserviert haben. Vom Speisesaal blickt man auf die Lagune und fühlt sich wie Herr von Aschenbach in Lucchino Viscontis „Tod in Venedig", nur nicht ganz so melancholisch. (Nebenbei waren Ernest Hemingway, Marc Chagall, Maria Callas, Gerard Depardieu oder auch Billy Wilder zugegen, wie sich überhaupt die Frage stellt, wer eigentlich noch nicht hier war.) Für Wohlbefinden sorgen nebst zauberhafter Ambiance die höchst vergnüglichen Gerichte, von denen die Jakobsmuscheln auf Selleriepüree mit schwarzen Oliven oder St. Petersfisch „Carlina" ebenso nachhaltig in Erinnerung bleiben wie die Kalbsleber auf venezianische Art, die zu den besten in Venedig zählt. Service und Weinkultur sind so, wie man sie sich in einem Haus dieser (Preis)Klasse erwartet.

Da Nane, Pellestrina, San Pietro in Volta 282,
Tel.: 041-527 9100

- - -

Da Memo, Pellestrina, San Pietro in Volta 157,
Tel.: 041-527 9125

- - -

Ai Cacciatori, Murano, Fondamenta Vetrai 69,
kein Telefon, R: So

- - -

Locanda Cipriani, 30012 Torcello, Piazza S. Fosca 29,
Tel.: 041-730 150, R: keiner

- - -

... und noch ein kleiner Ausflug an den Brentakanal

Während Reiche aus aller Welt heute Häuser in Venedig zu Höchstpreisen kaufen, ziehen es die reichen Venezianer seit jeher vor, ihr Geld lieber in schöne Villen im venezianischen Umland zu investieren. Besonders bietet sich dafür der Brentakanal an, ein Nebenprodukt der Regulierung des bei Trient entspringenden Flusses Brenta, der südlich von Chioggia in die Adria mündet. Das alte Flussbett bildet den im 17. Jahrhundert entstandenen Kanal, der sich heute bei Hausbootbesitzern oder -mietern größter Beliebtheit erfreut und mit etlichen Schleusen als ruhig gestellter Binnenwasserweg zwischen Padua und Venedig dient.

Eine Bootsfahrt entlang der berühmten, melancholisch-morbides Lebensgefühl ausstrahlenden Brenta-Villen, zu denen etwa die Palladio-Villa „La Malcontenta", die D´Annunzio-Villa Pisani und die Villa Widmann-Foscari zählen, gehört heute zum Pflichtprogramm jedes längeren Venedig-Aufenthaltes — und lockt obendrein mit etlichen gastronomischen Preziosen.

Einer der schönsten Plätze an der Brenta ist zweifellos das Restaurant in der alten Mühle „El Tinelo – Ai Molini" in Mirano, wo man, gerade zehn Kilometer von Mestre entfernt, in einem revitalisierten Mühlengebäude inmitten des Parks der Villa Belvedere kreative Gerichte wie Drachenkopfsuppe, Seezunge mit Montasiokäse und Nüssen oder Gänsebraten mit Kürbisravioli in verzauberter Atmosphäre speisen kann.

Traditioneller, aber ebenfalls in Mirano gelegen, ist das Ristorante „19 Al Paradiso", eine echte Antica Osteria, die von der Familie Covin mit Grandezza geführt wird. Die (ausgezeichnete) Fischküche gibt es nur am Mittwoch und auf Vorbestellung, während der Woche dominiert eine traditionelle venezianische Fleischküche, die vor allem um Geflügelspezialitäten von Anatra bis Oca kreist. Dazu gibt es neben ausgezeichneten Kruditäten von Prosciutto bis Salami 120 Weine.

Slow-Food inspiriert und nicht zuletzt deshalb äußerst empfehlenswert ist die Trattoria Cooperativa La Ragnatela, etwas außerhalb von Mirano in Scaltenigo gelegen. Die Küche begreift sich als Labor autochthoner Genüsse und lockt mit oft recht wagemutigen Kombinationen, bietet aber auch klassische venezianische Küche. Weinfreunde können aus einem mit 400 Etiketten sortierten Keller selektieren. Die Preise bleiben dennoch räsonabel.

Dem Slow-Food Gedanken verpflichtet fühlt sich auch das Da Conte, das – ganz und gar nicht gräflich – in einer ehemaligen Waschmittelfabrik untergebracht ist, aber auf seine industriearchäologische Art durchaus Noblesse verströmt. Die Speisekarte ist equilibristisch zwischen Meeres- und Landesküche angesiedelt und hat von Stockfisch in Kapernsauce bis hin zum köstlichen Entenragout, Lammkoteletts in Pfefferminz-Gorgonzola-Sauce und Perlhuhnspezialitäten allerlei zu bieten.

Weniger slow, aber dennoch auf Good Food spezialisiert ist schließlich die Villa Margherita in Mira, ein Romantikhotel vom Feinsten, in dem man nicht nur gediegen im Palladio-Style und umgeben von vorzüglicher Gartenarchitektur wohnen, sondern auch klassisch und gut – vor allem Fisch – speisen kann.

Zum Schluss noch ein Tipp für abenteuerlustige Gaumen: Im „Belvedere da Pulliero" in Mirano-Campocroce gibt es Eselsschinken, Fohlenfleisch, Kuttelsuppe und Straeca (Bauchfleisch) vom Feinsten – und 140 Grappasorten obendrein.

„El Tinelo - Ai Molini", Mirano, Via Belvedere 8/10, Tel.: 041-570 1070, R: So Abend und Mo

- - -

Trattoria 19 Al Paradiso, Mirano, Via Luneo 37, Tel.: 041-431 939, R: So Abend und Mo

- - -

Trattoria Cooperativa La Ragnatela, 79 Scaltenigo di Mirano, Via Caltana, Tel.: 041- 436 050; R: Mi

- - -

Osteria da Conte, Mira, Via Caltana 133, Tel.: 041-479 571, R: So, Mo

- - -

Romantik Hotel Villa Margherita, Mira, Via Nazionale 416-417, Tel.: 041- 426 5800, R: Di Abend und Mi

- - -

Belvedere da Pulliero, Mirano-Campocroce, Via Braguolo 40, Tel.: 041-486 624, R: Do

- - -

Blick vom Lido nach San Lazzaro

Mestre

- - - Gourmets, bitte anhalten!

Dass Mestre für allerlei Überraschungen gut ist, beweist allein schon die Piazza Ferretto, die mit ihrem veneziani-schen Uhrturm, den schmucken Häusern und dem schönsten Jugendstilkino, das man sich vorstellen kann, so ganz und gar nichts mit dem Mestre der Werften und Kräne zu tun hat, das man von der Autobahn her kennt. Auch die Piazza Ferretto selbst birgt Überraschungen. Kein Mensch würde, durch die Kolonnaden bummelnd, vermuten, dass sich gleich dahinter ein kleines „Weinstädtchen" namens Al Calice (Zum Kelch) befinden würde. Diese verborgene Hochburg venezianischer Trinkkultur besteht schon seit 1836 und bietet im Sommer kühlen Hinterhof-Schatten zwischen önophilen Fresken und unter Sonnenschirmen.

Mestre:
Gourmets bitte anhalten!

Der große „kleine Bruder" von Venedig

Venedig. Ja! Natürlich.
Die meisten Menschen, die ich kenne, empfinden es fast als sündhaft, Mestre zu betreten, jetzt, da sie doch in „Bella Venezia" sind, das man auch dann nicht annähernd kennt, wenn man hier Monate verbracht hat. Und dabei verbringen die meisten Venedig-Besucher hier nur Tage oder gar nur Stunden. Da heißt es, alle Energie der Lagunenstadt in sich hineinzusaugen. Da bleibt keine Zeit für einen hässlichen Industrievorort mit Parkhäusern, Werften, Kränen und Schienensträngen.

Wer Mestre betritt, der könnte fast meinen, dass die Einwohner dieser im Kern alles andere als hässlichen, ja sogar durchaus hübschen und atmosphärischen Stadt Venedig nur erfunden haben, um von den Touristen auf ewig und immerdar in Ruhe gelassen zu werden.

An touristischen Highlights wäre in Mestre auch tatsächlich nicht viel zu finden. Aber dafür trifft man, was in Venedig mittlerweile fast zur Rarität geworden ist, Menschen. Ganz normale, italienische Menschen.

Woher die alle kommen, möchten Sie wissen?

Aus Venedig natürlich. Venedig hat in den letzten Jahren im selben Maße eine Stadtflucht erlebt wie Mestre gewachsen ist; es zählt mit 230.000 Einwohnern zu den am wenigsten überalterten Städten Italiens. Im selben Maße, wie Wohnen in Venedig nämlich immer mehr von Baufälligkeit und schlechten Heizungsmöglichkeiten beeinträchtigt wurde, stiegen die Mieten.

Fazit: Schwärmerisch veranlagte Millionäre kauften sich in Venedig ein, kostenbewusste junge Leute zogen aus den ebenso zugigen wie muffigen Wohnungen in den alten Palazzi aus.

Im Übrigen sollte auch der kostenbewusste Gourmetwanderer durchaus einmal erwägen, was er um das Geld, das er durch die Wahl eines Hotels in Mestre einspart, in Venedig wieder ausgeben kann. Gewiss: Wer hat, der hat – und nichts wird ihn von venezianischen Nächten im Danieli oder im Gritti abbringen. Wer nicht soviel hat, ist aber auch mit einem preisgünstigen, im Winter gut geheizten und im Sommer gut durchkühlten Bahnhofshotel wie etwa dem „Tritone" in Mestre gut bedient, von dem aus im 10-Minuten-Takt Busse nach Venedig fahren und man auch auf der „Ferrovia" je nach Fahrplan mehrere „lifts" nach Santa Lucia hat.

Von hier aus tun sich auch hübsche Kombinationen auf: Wie wäre es beispielsweise, tagsüber Venedig zu besichtigen und in einem kleinen Bacaro ein atmosphärisches Mittagessen einzunehmen, und dafür am Abend einen Tisch im „Dall´Amelia" oder im „Autoespresso" zu reservieren (letzteres ist, wie Sie gleich erfahren werden, wesentlich attraktiver, als es der Name verheißt)?

Nun ja, die Entscheidung liegt bei Ihnen. Aber nun lassen Sie uns endgültig mit unserem kleinen Bummel durch Mestre, dem großen „kleinen Bruder von Venedig" beginnen.

C´era una volta ...

Die Geschichte von der schönen Amelia ist, so sehen es zumindest heute manche, eine „Es war einmal" Geschichte.
Allein: Die meisten „Es war einmal" Geschichten enden mit den Worten: „Und wenn sie nicht gestorben sind, dann leben sie noch heute."
Das trifft auf seine Weise auch auf das „Dall´ Amelia" zu.

Aber beginnen wir am Anfang, beim Eintreten, wobei sich als erstes die folgende Frage stellt: Was ist eigentlich eindrucksvoller? Sind es die vielen Prominenten, Dirigenten, Filmstars, Wirtschafts-Tycoons und Staatenlenker, die da auf einem Monumentalgemälde in voller menschlicher Größe rund um die Familie Boscarato versammelt sind wie um die Beatles am berühmten Sergeant-Pepper-Cover? Oder sind es doch eher die Seeteufeln, Drachenköpfe, Steinbutte, Aale und Seewölfe, die sich da, gegenüber dem nicht minder viel versprechenden Hummerkalter, auf gecrashten Eisbergen in der Vitrine tummeln. Die Weine (500 Etiketten verzeichnet die Karte) lagern über den Fischen hinter Glas und sind in ihrer Vielfalt ebenfalls beeindruckend. Die Fische bleiben Sieger.
Doch beginnen wir mit dem Prosecco, den es hier offen als Hauswein gibt und den man so lange trinkt, bis man irgendwann Gusto auf noch Besseres hat. Danach lässt man sich, wer noch nie hier war, am besten die eindrucksvollen Cicheti di mare servieren, oder man bestellt etwa die klassisch marinierte Seespinne oder die gebratenen Jakobsmuscheln (inkl. Corail) mit Kürbis, crossem Speck, gedünstetem Radicchio und altem Balsamico.
Also ernsthaft: Das Restaurant ist mittlerweile selbstverständlich viel zu groß geworden (und die Küche zu klein geblieben), um heute noch an der wirklichen Spitze der italienischen Restaurants mitmischen zu können. Auch der Maître macht eher den Eindruck abgeklärter Weisheit als jene, die kulinarische Welt noch einmal niederreißen zu wollen. Dafür macht der Juniorchef freundlich seine Honneurs, hat jedem was Nettes zu sagen – und geht wieder. Das Buon-Ricordi-Gericht, für dessen Konsumation man einen dieser lustigen Teller erhält, die auch überall an der Wand hängen, hätte wirklich schmackhaft sein können, wäre nicht ein zugiger

kalter Hauch durch den nicht wirklich hundertprozentig abgedichteten Wintergarten gefahren, der den Nudeln samt feiner Sauce und ebensolchen Vongole keine Chance ließ, warm serviert zu werden. Auch Miesmuscheln waren leider eher von der mieselsüchtigen Sorte.

Na ja, es bleibt einem ja immer noch der Teller. Und, nicht zu vergessen, die Erinnerung an den wirklich tadellos gegrillten, geschmacklich erstklassigen und, was die Haut betrifft, wirklich crossen und knusprigen Lagunen-Aal, der die Ehre des Hauses wieder mehr als herstellte. Dazu gab es gegrilltes Gemüse und gebratene Polenta.

Zum Schluss rollt der Dessert-Cadillac durchs weitläufige Lokal, dessen Ruhm sich mittlerweile hörbar bis in die USA herumgesprochen hat, der aber auch Hochzeitsfeiernde aus Mestre anzuziehen scheint. Sachertorte gefällig? Schaut zur Abwechslung einmal so richtig saftig aus. Oder lieber doch eine Zitronen- oder eine Mandeltorte? Oder eine Creme mit Erdbeeren?

„C´era una volta ...", so könnte man sagen. Aber die Besitzer der „Amelia" sind noch keineswegs gestorben und leben, abseits des mittlerweile verlorenen Michelinsterns, ein zufriedenes und unaufgeregtes Leben. Aber kochen – das können sie heute noch genauso gut, wie damals, als das Märchen von der Raststätte, die aufbrach, um eines der besten Restaurants Italiens zu werden, begann.

Trattoria Dall' Amelia, Venezia-Mestre, Via Miranese 113, Tel.: 041-913 955, R: Mi

- - -

Trattoria Dall' Amelia

Auto misto

Und noch so eine „Es war einmal" Geschichte. Also: Es war einmal eine unscheinbare Trattoria an einer mindestens ebenso unscheinbaren Ausfahrtsstraße, die sich zu Zeiten, als ein Espresso etwas äußerst Seltenes, Todchices gewesen sein muss, den ganz und gar unromantischen Namen „Auto Espresso" gab. Ganz im Gegensatz zu diesen Namen verheißenden Stehbuffet-Genüssen wurde hier jedoch in den 80-er Jahren dramatisch gut gekocht, und viele genossen es, in einem „ganz einfachen Espresso" so zu essen, wie die Reichen und Schönen in ihren Ristoranti.

Mit dem sich bald darauf einstellenden Michelinstern kamen freilich die üblichen Nöte, die jedes Lokal treffen, das versucht, Gourmandise und Alltagsnormalität zu verbinden. Die Ansprüche waren zu hoch, das Restaurant verlor an Besuchern, wechselte gleich zweimal die Besitzer – und landete im Abseits.

Aus genau diesem hat es vor noch gar nicht langer Zeit Padrone Tiziano Davanzo geholt, ein Umberto-Eco-Typ mit hedonistischem Flackern hinter den streng geschnittenen Augen. Er renovierte die alte Trattoria an der Landstraße, ohne ihr jedoch ihre Seele zu nehmen – nämlich die Dialektik des Vorne und Hinten. In der kleinen, schlauchartigen Bar sitzen daher nach wie vor die Einheimischen und hören Populärmusik, während in den hinteren Regionen elitärer Klavierjazz erklingt. Das kann, wenn man in einem (noch) leeren Lokal an einer Schnittstelle zu sitzen kommt, durchaus zu einem edlen Wettstreit der Harmonien führen. Doch bevor dieser in Kakafonie endet, kommen dann ohnehin andere Gäste, der Geräuschpegel steigt, und das Problem löst sich von selbst. Da sitzt man dann in äußerst bequemen Sesseln, umgeben von einer reduzierten, ein bisschen

Autoespresso Ristorante

japanisch anmutenden Architektur mit viel Holz und weniger Samt sowie viel Ocker und weniger Rot. Roberto Menin tritt auf, der erstklassige Maître, und verliest nicht allzu feierlich, aber auch nicht gerade leger, das ziemlich kurz gehaltene Menü. Es fällt also relativ leicht, sich zu entscheiden, da man sich nicht, wie in manchen anderen Trattorien, allzu viel merken muss, um dann erst das zu bestellen, was man eigentlich nicht wollte.

Ich wollte – und ich bekam es auch. Zum Beispiel eine kleine Platte von rohen Scampi, Heuschreckenkrebsen, Thunfisch, Branzino und Garnelen, von edelster Qualität, perfekt zugeputzt bzw. dekorativ angeschält, mit köstlichem Olivenöl von der Tenuta Le Selve in Breschia am Gardasee und Meersalz serviert. Ein schlichter Genuss, oder besser: Schlicht ein Genuss.

Weitere Genüsse aus der Küche der beiden jungen Köche Silvio Santinon und Christian Ziciotto folgten. Etwa die mit Seespinnenfleisch gefüllten Capellaci auf einer sämig-sündigen Latugasauce mit kandierten Tomaten. Oder der „Fritto misto alla tempura" mit einzigartiger Qualität von Fischen und Schaltieren, der sich zum klassischen Touri-Fritto-Misto verhielt wie ein Ferrari zu einem Fiat Punto. (Der Vergleich aus der Autosprache möge in einem Autoespresso gestattet sein.) Alle Ansprüche an japanische Tempura-Transparenz wurden erfüllt, wobei es einen doch seltsam berührt, dass dieses urtümliche mediterrane Fischergericht, das von portugiesischen Missionaren nach Japan gebracht wurde, nunmehr über den Umweg der Japanwelle wieder ans Mittelmeer reimportiert wird.

Dafür bleibt die beachtliche Weinkarte zum überwiegenden Teil im Land. Und auch die Wege der munteren Einheimischen an der Bar und der eleganten Genießer im Hinterzimmer führen irgendwann zusammen. Spätestens im Zwischenreich der beiden Abteilungen gemeinsamen Toilette.

Autoespresso Ristorante, 30175 Mestre-Marghera, Via Fratelli Bandiera 34, Tel.: 041-930 214, R: Sa Mittag und So

– – –

Cuccagna unter der Pergola

Haben Sie in den letzten Tagen schon zu oft Fisch oder Meeresfrüchte gegessen? Suchen Sie etwa die Antwort derber Fleischeslust auf die kulinarischen Finessen der venezianischen Fischküche? Die alte Arbeiterkneipe liegt in einer stillen Seitenstraße, die zwischen Bahnhof und City von der belebten Via Piave abzweigt. Seit sich die beiden engagierten jungen Osteria-Wirte Paolo und Davide ihrer angenommen haben, sind die „Hackler" freilich einem jüngeren, neugierigen Publikum hedonistischer Mestrianer gewichen, die es genießen, mit ein paar Schritten ins gelobte Land Cuccagna zu gelangen, ohne sich davor mühsam durch einen Breiberg durchfressen zu müssen.

Schon der Antipasti-Teller hat beachtliche Ausmaße und bietet einen Querschnitt von köstlichem, hauchdünn geschnittenem Lardo auf Rosmarintoasts über Torta di Radicchio und Frittata bis hin zu Coppa und dem köstlichen (regionalen?) Frischkäse Burana.

Die Primi Piatti sind viel versprechend, doch sollte man sich noch ein wenig Appetit für die Secondi aufheben, die die Magennerven genug in Anspruch nehmen. Wer freilich zwischendurch eine Zwiebelsuppe kosten möchte, sollte das tun (oder sich aufgrund der Dimensionen besser zu zweit eine teilen). Denn ein prächtigeres Exemplar dieses französischen Leibgerichtes wird man selbst in Frankreich nicht bekommen. Zarte Säure geht konform mit (aufgrund wahrer Zwiebelmassen) sämiger Bindung und crossem Gratin, und der feine Rindsuppengeschmack kommt zu guter Letzt auch noch durch.

Doch bei den Secondi geht´s erst richtig los: Da werden dicke Rinderkoteletts (Costate alle brace), aufregend „bleu" gebraten, ebenso zwischen den eng gestellten Tischen herumgetragen wie gebratene Schweinshaxen, Kaninchenkeulen oder ein gar köstlicher Brasato von Kalbsbackerln in einer Sauce auf der Basis von Radicchio di Treviso sowie drei allerliebste Polenta-Pralinen in den Geschmacksnoten Paprika, Rosmarin und Sesam. Manches wie etwa der Caciucco mit Lamm- und Kalbfleisch stammt aus anderen als venezianisch kulinarischen Kreisen (in diesem Fall aus dem Veneto.) Auch das Angus-Carpaccio zitiert Arrigo Ciprianis nahes Vorbild mit Bravour, aber um weniger als den halben Preis.

„Danke, wohlig gesättigt" möchte man schon ausrufen. Doch die „Pergola" huldigt der Gaumenlust ohne Gnade, denn zum guten Schluss wird noch eine spezielle Dessertkarte gereicht. Die Geschmacksknospen ergeben sich willig den dargebotenen Köstlichkeiten wie Schokosalami, Mousse-au-chocolat-Torte, Topfenkuchen mit Lamponi und weißer Schokolade, Cassatina mit Ricotta fresca oder Crostata di Crema di Marroni. Mit dem Sangiovese als Hauswein liegt man preisgünstig und gut, mit der klug zusammengestellten Weinkarte gelingen auch noch größere önologische Würfe.

Osteria alla Pergola, Venezia-Mestre, Via Fiume 42, Tel.: 041-974 932, R: So

- - -

Divina Commedia

Die Via Dante zweigt gleich hinter dem Bahnhof von Venedig in ein ruhiges Wohngebiet mit schönen, zum Teil sogar altvenezianischen Häusern und Villen ein. Eine Hälfte der Straße wurde als Fußgängerzone, die andere als Radweg ausgebaut, und die Radfahrer scheinen es zu genießen, dass ihnen die Straße hier – zumindest auf ihrer Seite – allein gehört.

Dass die Hosteria Dante naht, erkennt der Spaziergänger schon von weitem an dem Armesünderhäuflein, das sich – wie neuerdings vor fast allen italienischen Restaurants und Cafés – an der frischen Luft versammelt hat, um dieselbe in aller gebotenen Demut mit ihren „Tschicks" zu schwängern.

Dabei wäre der Rauch im Inneren der Hosteria wesentlich besser oder zumindest atmosphärischer aufgehoben, denn es ist ganz eindeutig ein Exemplar vom alten Schlag. Sie ist mit Kupferpfannen, bunten Tellern, Flaggen, alten Taschen, Heugabeln und Landkarten klassisch „übereingerichtet", als gälte es auf jeden Fall zu verhindern, dass irgendwo ein weißes Fleckchen Wand frei bleibt.

Für diese an der Adria weit verbreitete Liebe zum verschwenderischen, jedoch nicht wertvollen Dekor habe ich meine eigene Theorie entwickelt. Ich glaube nämlich, dass „alteingesessene" italienische Gastronomen ihr Gasthaus wie einen Tisch betrachten, der nach den Gesetzen althergebrachter Gastfreundschaft möglichst opulent gedeckt sein sollte, um den Gastgeber nicht in den Verdacht des Geizes zu bringen. Noch in der Barockzeit galt ein Tisch, bei dem zwischen den Tellern zuviel Tischtuch hervorblitzte, als Fauxpas. Mit jenen Lokalitäten, die in Italien gerne „Antica Trattoria" genannt werden, scheint es sich ebenso zu verhalten. Vollgeräumtheit ist hier ein Synonym für Fülle.

Filippo Ranalli ist ein Patron vom alten Schlag. Er sieht aus, als hätte Günther Grass beschlossen, auf seine alten Tage noch von Schriftsteller auf Wirt umzusatteln. Er spricht ziemlich gut Deutsch, und als er

In Mestre

meiner barocken Formen gewahr wird, mustert er mich kurz und sagt: „Sie sind der erste, der heute meinen Risotto bekommt. Er ist gerade im Begriff, fertig zu werden." Ich bestelle zuvor noch ein paar Antipasti di Mare, und Filippo verschwindet, um mit einer Karaffe seines gar nicht üblen Vino della Casa aus dem Veneto wiederzukehren.

„Wenn ich Sie wäre", sagt er zutraulich, „dann würde ich den Risotto vorziehen. Denn jetzt, im Moment, ist er gerade fertig."

Filippo wertet mein verlegenes Nicken als Zustimmung und erscheint mit seinem Risotto alla marinara, der tatsächlich ein purer Vertreter seiner Art ist. Da ist nichts Maritim-Traniges, nicht die Spur von Brackwassergeruch und genau das richtige Maß an Süffigkeit und Säure. Die Reiskörner sind wie guter Kaviar: voneinander getrennt, aber dennoch durch einen glitzernden Film miteinander verbunden.

Während ich noch überlege, ob ich die Vorspeise auslassen und statt dessen einen Fisch bestellen soll, sind die Antipasti schon da: Sie sind schön lauwarm, was, vor allem bei dem kleinen, im Ganzen servierten Pulpo und den nur kurz durch den Sud gezogenen Heuschreckenkrebsen auf frische Zubereitung schließen lässt. Und der Salat von tief gefrorenen Grönlandkrabben und Stangensellerie muss offenbar auch hier sein.

Noch ein Dessert?

Nein, nach der als Zwischengang servierten Vorspeise ist mir nicht danach. Ich gustiere also ein wenig die Karte, überlege kurz, die Radicchiosuppe oder die Pasta e fagioli zu bestellen oder noch eine Venezianer Leber mit weißen Zwiebeln folgen zu lassen.

Doch dann fallen mir die gratinierten Jakobsmuscheln ins Auge. Ein Risiko, gewiss, wie in den meisten Trattorie. Meist sind sie von mickriger

Statur und ersticken unter der fetten Bröseldecke. Doch wer wagt, der gewinnt, dachte ich – und durfte mich nach dem Genuss von drei wahrhaft fleischigen, wahrhaft auf den Punkt (also innen noch völlig glasig) gebratenen und von einem wahrlich an pures Gold gemahnenden Bröselkleid umhüllten Capesante tatsächlich zu den Gewinnern zählen.

Während Signore Filippo sich nach getaner Arbeit in eine sonnendurchflutete Ecke zurückzog, um unter einem Plakat der alten Schifffahrtslinie D. Tripcovich, die einst zwischen Venedig und Triest verkehrte, seine Mazedonia di Frutta zu verzehren, bestellte ich, fast ein wenig entrückt, die Rechnung, verließ Filippos schummrige Osteria und hatte, als ich auf die Straße trat, zum guten Schluss noch ein Tête-à-tête mit meinem Schutzengel.

Ja, sie fühlen sich wirklich pudelwohl in der verkehrsberuhigten Via Dante, diese Radfahrer.

Hosteria Dante, Venezia-Mestre, Via Dante 53, Tel.: 041-959 421/951 000, R: So

- - -

Grüße aus dem Lackkästchen

Wer hierher gefunden hat, dem sei gratuliert. Denn er muss sich in den Autobahnknoten rund um Mestre schon ziemlich gut auskennen oder viel Geduld haben. Dabei ist diese über hundert Jahre alte Land-Trattoria, die zwischendurch einmal Pizzeria war und sich seit über einem Jahrzehnt der feinen venezianischen Fischküche verschrieben hat, nur zwei Kilometer vom Ortsschild Mestre auf der Via Miranese entfernt und man müsste nur immer geradeaus fahren.

Vertrauen Sie lieber Ihrer Straßenkarte, wenn es darum geht, wie Sie hinkommen, aber vertrauen Sie

mir, wenn es darum geht, dass Sie hinkommen. Denn dieser geschmackvoll renovierte Landgasthof im Niemandsland westlich von Mestre ist schon eine kleine Preziose und sicherlich wert (übrigens auch preiswert), dass man sie findet.

Der überdachte Garten unter der Pergola und die beiden gediegenen, aber nicht unterkühlt eingerichteten Säle im Inneren sind das Reich von Renzo und Michela. Renzo hat das Lokal von seinen Eltern geerbt und sich gemeinsam mit seiner im Service tätigen Frau einer Küche verschrieben, die alle Sinne – also neben dem Gaumen auch die Augen und das Gemüt – anspricht.

Augenfreundlich sind auch das Marineblau der Sesselbezüge und das matte Lackkästchenschimmern der elfenbeinfarbenen Wände. Gastfreundlich wird man von Michela und ihren dienstbaren Geistern mit einem Gläschen Prosecco und einer kleinen Kostprobe aus Renzos Schaffen begrüßt, in meinem Fall war es eine lauwarme Quiche mit Porree und Gorgonzola, die Appetit auf Weiteres machte.

Michelas Menülitanei ist nicht lang, aber durchwegs vom Feinsten. Renzo arbeitet sichtlich gerne mit edelsten Meeresprodukten und versteht, sie auch aufzutreiben.

Vor allem aber beherrscht er die Kunst der Reduktion auf das Wesentliche. Seine ganz klassisch angerichtete Grancevola war minutiös von sämtlichen Karkassenresten befreit (jeder, der einmal selbst eine Seespinne ausgelöst hat, weiß, was das heißt) und gab den Biss widerstandslos und nur in Begleitung von ein wenig Salat und ein wenig Olivenöl frei. Die Polenta mit Schie – so nennt man diese winzigen kleinen und selbstverständlich ausgepuhlten Strandgarnelen – hatte Konsistenz und Fluss gleichermaßen, und der Sauvignon von Specogna, der dazu gereicht wurde, hat seinen Ruf in Insiderkreisen keineswegs zu Unrecht. Es folgten hausgemachte, mit Oliven und geschmolzenen Tomaten gefüllte Ravioli, die – fast suppig – „al pesce" angemacht waren.

Ja, und dann kam noch dieser Hummer auf gar köstlichem Artischockenkraut, der aussah, als sei er gar nicht gekocht worden, sondern einfach durch den heißen Wasserdampf hindurch aus der Küche geflogen gekommen. Er war von so erlesener Zartheit, dass sich an meinem Gaumen jenes Déjà-gouté einstellte, das mir sagte: Das muss ein blauer Hummer aus der Bretagne sein, und ich überlegte schon, auf welchem Platz meiner trotz ungezählter Versuche gar nicht so langen Ehrentafel der „best lobsters in the world" ich ihn reihen sollte.

Wenn man Dinge so genau weiß, dann sollte man es lieber vermeiden nachzufragen. Denn der Hummer kam von dort, wo ich seine Herkunft am allerwenigsten vermutet hätte, nämlich aus Maine und kostete genießerfreundliche 18 Euro. Das Doppelte wäre er wert gewesen, vielleicht sogar noch mehr.

Dass der Service dann zugeben musste, keinen Käse im Haus zu haben, war angesichts der vergangenen Gaumenlust eine lässliche Sünde. Ich bestellte einen Espresso, bezahlte die angesichts des Gebotenen außerordentlich überschaubare Rechnung und fuhr im Taxi nach Mestre zurück. Gott sei Dank ist eines gekommen, ich wäre sonst womöglich im Niemandsland versickert.

Ai Tre Garofani, Venezia-Mestre, Ortsteil Chirignano, Via Asegliano 308, Tel.: 041-991 307, R: So Abend und Mo

- - -

Ein Kelch für jede Jahreszeit

Dass Mestre für allerlei Überraschungen gut ist, beweist allein schon die Piazza Ferretto, die mit ihrem venezianischen Uhrturm, den schmucken Häusern und dem schönsten Jugendstilkino, das man sich vorstellen kann, so ganz und gar nichts mit dem Mestre der Werften und Kräne zu tun hat, das man von der Autobahn her kennt. Auch die Piazza Ferretto selbst birgt Überraschungen. Kein Mensch würde, durch die Kolonnaden bummelnd, vermuten, dass sich gleich dahinter ein kleines „Weinstädtchen" namens Al Calice (Zum Kelch) befinden würde. Diese verborgene Hochburg venezianischer Trinkkultur besteht schon seit 1836 und bietet im Sommer kühlen Hinterhof-Schatten zwischen önophilen Fresken und unter Sonnenschirmen (im Winter ist der Hinterhof seit dem Nichtraucher-Gesetz nicht minder frequentiert und spendet Rauchsündern rettende Sitzbänke in guter Luft). Das Innere des Calices ist in einen (beachtlich sortierten) Enoteca- und Cicheti- sowie einen kleinen Osteriabereich getrennt, in dem man „Veneto-Sashimi" (rohen Fisch), ausgezeichneten Stockfisch, Meeresfrüchte-Spaghetti, gratinierte Muscheln und Meeresfische sowie feine Kruditäten von Lardo di Collonata bis Prosciutto aufgetischt bekommt. Einen Besuch wert ist das „Calice" auch ob seiner Steaks (Bistecca fiorentina und Sorana-Rind).

Al Calice, Venezia-Mestre, Piazza Ferretto, 70/B, Tel.: 041-986 100, R: keiner

- - -

Topküche bei Tosi

Das Hotel Kappa ist ein nettes kleines Dreisternhotel im alten Domviertel von Mestre, zu dessen Vorzügen neben hübschen, neu renovierten Zimmern auch die Tatsache gehört, dass das dazu gehörige Ristorante „Al Leone di San Marco" an Franco Tosi verpachtet wurde, der nicht nur ein exzellenter Fischkoch, sondern auch ein großer Weinexperte ist und über 150 edle Etiketten „bewacht". Gemeinsam mit Filius Carlo und Ehefrau Renata bringt er die üblichen „feinen Happen" und darüber hinaus veritable venezianische Degustationsmenüs auf die wenigen Tische seiner kleinen Trattoria. Wer 50 Euro ausgibt, der wird im „Vier-Gänge-Menü" von der Meerestrüffel bis zur Seespinne alle Ingredienzien der Cucina di mare vertreten finden, für die Mestre seit jeher mit Recht berühmt ist. Wer hingegen nur an der Bar an einer Ombra nippen und nach ein paar kleinen warmen Bissen „schnappen" will, der ist – trotz oder gerade wegen der räumlichen Beengtheit – auch willkommen.

Al Leone di San Marco, Venezia-Mestre, Piazza Carpenedo/ Via Trezzo 6, Tel.: 041- 534 1742, R: So Abend und Mo

- - -

Land und Meer, in friedlicher Koexistenz

Dort, wo sich der schöne altstädtische Kern Mestres gegen Norden hin schon wieder in eine eher bizarre Gegend verwandelt hat, findet man eine der ältesten und typischsten Osterie im Raum Venedig. Hier ist das Reich von Antonio und Nadia Osti, zwei besonders gastfreundliche und für jene, die des Italienischen mächtig sind, auch stets gesprächsbereite, um nicht zu sagen redselige Wirtsleute, die sich der Pflege urtümlichster venezianischer Spezialitäten bei gleichzeitig stupender Weinkultur verschrieben haben. Dass man hier zwischen 200 Etiketten durchwegs edler Herkunft wählen kann, bedeutet aber keinesfalls, dass der ganz einfache „Vino della Casa" nicht ebenfalls kostenswert wäre. Denn ein echter Osteria-Wirt weiß, dass er genau daran gemessen wird. Die Küche entbehrt auf erfreuliche Weise jeglichen Designer-Schnick-Schnacks, sondern konzentriert sich ganz und gar auf das Wesentliche: den

Geschmack – beispielsweise von einer gar sündhaft üppigen Soppressawurst, die auf einer cremigen Polentina serviert wird, von einer deftigen Sopa coada (die klassische venezianische Geflügelsuppe mit abwechselnd geschichtetem Tauben- oder Hühnerfleisch und getunktem Brot) oder von einer (vor allem an kalten Wintertagen empfehlenswerten) Pasta e fagioli. Fisch und Fleisch gedeihen in Nadias Töpfen in trauter Eintracht, und es lohnt sich absolut, nach einer Portion Sarde in Saor auch noch die geschmorten Schweinsbacken zu ordern. Der Grappa zum guten Schluss (auch hier ist die Auswahl beträchtlich) ist ob der offensiven Deftigkeit der Gerichte nicht nur kein Fehler, sondern geradezu ein Must.

Osteria da Mariano, Venezia-Mestre, Via Spalti 49/ Via Cecchini, Tel.: 041-615 765 , R: Sa, So

- - -

Treviso

Es ist ein kulinarisches Märchen, das hier zwischen Cervelatwürsten, geräucherten Gänsebrüsten, zerklüfteten Parmesangebirgen und den durchsichtigen Canocia col coral erzählt wird. Ob man den Besuch dieser oft recht dumpfen und verrauchten Etablissements freilich so ohne weiteres jedermann, vor allem Menschen mit empfindlichen Gaumen und ebensolchen Seelen, bedenkenlos empfehlen kann, möchte ich freilich dahingestellt sein lassen. Wie sagte mir doch die Padrona einer „Osteria con cucina" auf die Frage, wie man denn in ihrer Küche den berühmten Radicchio di Treviso, die langstielige, zartbittere Winterspezialität der Stadt, zubereite: „Questa non e una cucina elaborata." Der Charme ihrer Küche, wollte sie damit andeuten, liegt nicht in der Verfeinerung.

Stopover in Treviso

Genussreicher „giro de ombre"

Es geschieht nicht oft, dass das bestimmende Element einer Stadt, die weder an einem See noch am Meer liegt, ausgerechnet das Wasser ist. Doch Treviso ist eine solche feuchte Stadt. Schon unmittelbar an der Auffahrtsrampe zum Bahnhof tummeln sich, als wollten sie den Besucher darauf vorbereiten, gusseiserne Entchen auf metallschwarzen Wogen. Und hat man diese erst einmal erblickt, so lässt einen das nasse Element nicht mehr los. Treviso ist in einen Fluss gebaut, der sich entlang der Straßen und Gassen wie ein Blutkreislauf zu Adern und Äderchen verästelt, der Paläste und Märkte umspült, Mühlräder antreibt, sich in Wehren behäbig aufstaut, um dann wieder so hurtig dahinzufluten, als würde die Wasserversorgung von einem Sturzbach gespeist. Doch das Wasser ist nicht die einzige Lebensader der Stadt am Sile. Die zweite ist der Wein, der hier zumeist in seiner besonders luftdurchlässigen Form als Prosecco oder ganz simpel „sfuso" genossen wird: aus dem Fass. Stellte man sich die vielen Tropfen und Tröpfchen, die hier im Laufe eines Jahres gefüllt, geleert und wieder vergossen werden, als Flutwelle vor, so ließe sich wohl auch damit so manches der alten Mühlräder antreiben, für die Treviso nicht nur aus den Hochglanzfotos der Fremdenverkehrsprospekte berühmt ist.

Die Maßeinheit für diese die ganze Stadt animierende alkoholische Springflut ist die „ombra", der venezianische Schatten.

Das feste Gegenstück zu den flüssigen „ombre" sind die „cicheti", kleine Häppchen, Würzbissen, Frutti di mare, Kutteln, Hühnerleber, Calamari und

Gemüsemarkt in Treviso

Calamaretti, klassisch lauwarm oder modern aus der Mikrowelle, jede Menge Canapés, Sandwiches mit Radicchiobutter, Lachs oder Prosciutto, mit Mortadella umwickelte Bierstangen, Polpetti und vieles mehr.

Ombre und Cicheti – damit ist das Grundvokabular für einen Spaziergang durch das Schattenreich – im Fachjargon „giro de ombre"– schon definiert. Fehlt nur noch der Name jenes magischen Ortes, an dem sich, bei Tag und bei Nacht, die Schatten zu bündeln pflegen: die Osteria, auch „bacaro" genannt – der Ort des Gelages.

„Andar per ombre" würde, auf Österreichisch übersetzt, nichts anderes bedeuten als „Gemma auf a Glasl". Doch die Osteria di Treviso ist mit nichts weniger vergleichbar als mit einem Wiener Heurigen. Eher schon erinnert sie an eine New Yorker Deli, ein irisches Pub oder ein kleines Café in Paris. Ihr Wesen besteht nicht im Sitzenbleiben, sondern im Herumstehen, im Passieren, Anstreifen, Durchgehen und im ständigen Austausch – von Worten, Menschen und Weinen.

Ein „giro de ombre" ist ein ebenso kommunikatives wie kontemplatives Vergnügen. Man lernt, selbst wenn man wie der Autor statt Italienisch nur ein durch zahlreiche Trattoria-Besuche adaptiertes Mittelschullatein spricht, immer wieder neue Leute kennen. Es macht keine Mühe, innerhalb eines Tages ein rundes Dutzend oder noch mehr Osterie kennen zu lernen, und man kann sich zwischendurch bequem einen Überblick über all die Designerläden mit ihren wundersamen Laubsägepalmen, Teekesseln und Pfeffermühlen verschaffen. Man bekommt ohne alle Bildungsfracht und Baedekerschwere etwas von den Kulturdenkmälern mit. Nach zwei, drei Ombre einen Abstecher in den Dom zu machen und ein Auge auf die „Verkündigung" von Tizian zu werfen,

Portogruaro

Trattoria Il Basilisco

das schärft nur den ästhetischen Sinn und vertieft letztlich die Anschauung. Schließlich lassen sich zwischendurch auch die Speisekarten der Ristoranti ebenso studieren wie Buch- und Boutiquenauslagen, und man landet schlussendlich doch immer wieder an einem Wasserloch, an dem man mit einem Gläschen Prosecco, Refosco oder Malvasia die während des Bummelns verbrannte Energie wieder auftanken kann.

Keine Osteria gleicht der anderen, doch führen sie allesamt in einen Mikrokosmos des Überflusses an merkwürdigen Versatzstücken: vergilbte Daguerreotypien, Sportclubwimpel, Dixieland-Bands im schmutzigen Chamois, blecherne alte Hausbrandt-Reklameschilder, Ofenrohre und mehr oder weniger blinde Spiegel. Mitunter trifft man auch noch auf eine jener Bronze-glitzernden Espressomaschinen, die wie ein kleiner Atommeiler aussehen, auf dessen Spitze ein Messingadler erhaben seine Flügel ausbreitet. Anhand mitunter recht eindrucksvoller Grappa-Batterien kann man sich davon überzeugen, dass der bäuerlichen Fertigkeit des Schnapsbrenners im Kunsthandwerk der Glasbläserei längst eine ernsthafte (und Preis treibende) Hilfswissenschaft erwachsen ist. Man erblickt Orangenbäumchen zwischen klinkerziegelbesetzten Gewölbebögen, sieht eindrucksvolle Sammlungen alter Röhrenradios, eng beschriebene schwarze Schiefertafeln, zerkratzte Schleiflackverschalungen, Weinschläuche, verschnörkelte Bierzapfsäulen, knallrote Resopalplatten, naiv an die Wand gepinselte Schutzengel, Bacchusfratzen, grellbunte Holzplastiken, Eisentraversen und viele, viele in Tempera getauchte oder in Öl gesalbte Blumen- und Landschaftsbilder an den Wänden.

Ein „giro da ombre" ist pointilistisch wie ein Gemälde von Georges Seurat. Noch nie zuvor habe ich Giraudoux´ „Irre von Chaillot" so oft getroffen wie unter den Laubengängen der Stadt am Sile. Hier findet man sie bereits am frühen Vormittag, all die unvergesslichen Figuren aus den frühen De Sica-Filmen, Zigaretten drehend sowie eine Ombra und einen Espresso schlürfend. Hier verschwimmen die Rollen von Gastfreund und Gast, wenn die Dame im Pelz den Prosecco ausschenkt, während die Padrona im Rauhaarpulli den Ventilator reinigt. Ein allgegenwärtiges „ciacolare", ein Plaudern und Plauschen bestimmt die launische Akustik dieser gewölbten und geduckten Räume; ein Schalltrichter, der alles hörbar zu machen scheint und gleichzeitig einen gnädigen Rauschfilter über die allzu spitzen Pizzicati, die forcierten Crescendi und die gelegentlichen Dissonanzen des im Ganzen doch recht melodiös dahinströmenden Kommunikationsflusses legt.

Es ist ein kulinarisches Märchen, das hier zwischen Cervelatwürsten, geräucherten Gänsebrüsten, zerklüfteten Parmesangebirgen und den durchsichtigen Canocia col coral erzählt wird. Ob man den Besuch dieser oft recht dumpfen und verrauchten Etablissements freilich so ohne weiteres jedermann, vor allem Menschen mit empfindlichen Gaumen und ebensolchen Seelen, bedenkenlos empfehlen kann, möchte ich freilich dahingestellt sein lassen.

Wie sagte mir doch die Padrona einer „Osteria con cucina" auf die Frage, wie man denn in ihrer Küche den berühmten Radicchio di Treviso, die langstielige, zartbittere Winterspezialität der Stadt, zubereite: „Questa non e una cucina elaborata." Der Charme ihrer Küche, wollte sie damit andeuten, liegt nicht in der Verfeinerung.

Wer das – auch für Weine, Cicheti und die meisten Stammgäste der Osterie – akzeptiert, der wird auch verstehen, dass „andar per ombre" nicht ein Trinkspruch, sondern eine Lebensmaxime ist.

Osteria da Dante, Piazza Garibaldi 6, Tel.: 0422-591 897, R: So (hübsch gelegen, netter Padrone, exzellente einfache Fischküche, aber auch Kalbskopf und Spanferkel)

- - -

Vecia Hosteria Dai Naneti, Vicolo Broli 2 / Piazza Independenza, kein Telefon, R: So, Mi Nachmittag (gehört zu einem der feinsten Delikatessenläden Trevisos, in dem es nur einen einzigen Esstisch gibt – aber was da alles drauf landet! Mmmmhh!)

- - -

Muscoll´s, Via Pescheria 25, Tel.: 0422-583 390, R: So (wildromantische Osteria unmittelbar gegenüber der Fischmarkt-Insel; hier herrscht noch der alte Brauch, die Panini samt Knoblauch in den Prosecco zu tunken)

- - -

Al bottegon da Graziano, Viale Burchiellati 55, Tel.: 0422-548 345 (alte und ziemlich pittoreske Schankstube mit gemischtem Publikum, das die feinen Bissen und Tramezzini zu schätzen weiß)

- - -

Trattoria Il Basilisco, Via Bison 34, Tel.: 0422-541 822, R: So, Mo (etwas außerhalb des Zentrums gelegene Trattoria mit bodenständiger Veneto-Küche vom Hühnerklein-Risotto bis zu geschmorten Saubackerln und Lammkeule)

- - -

Beccherie, Piazza Ancilotto 11, Tel.: 0422-540 871, R: So Abend und Mo (eine der ältesten Trattorien Trevisos, berühmt für Bollito misto, Faraone und Radicchio-Spezialitäten)

-

Toni del Spin, Via Inferiore 7, Tel.: 0422-543 829, R: So und Mo Mittag (legendäre Antica Trattoria mit typischem Ambiente, bekannt für Kutteln, Kaninchen, Sopa Coada, Innereien, Enten, Gänse, Bollito Misto und zahlreiche Baccalà-Spezialitäten)

- - -

Entlang
der Autobahn

- - -   von Mestre nach Palmanova

Es ist keine reiche und auch keine vornehme Küche, die da aus den Sümpfen rund um die Lagunenstadt erwächst. Wie auf einem guten Bauernhof wird vom eingebrachten Fischfang möglichst alles irgendwie verwertet – sogar das schwarze Sekret der Tintenfische. Ihm verdanken zwei der berühmtesten Gerichte Venedigs ihren Namen: Risotto nero oder Spaghetti neri muss man einfach probiert haben, auch wenn es dem Genießer beim ersten Bissen möglicherweise ganz schwarz vor den Augen wird. Aber wetten? Spätestens nach dem dritten Bissen sind zumindest vorurteilsfreie Schlemmer schlichtweg begeistert.
Wer in Venedig selbst oder in eines der vielen Lagunenrestaurants von Jesolo, Caorle oder Lignano einkehrt, wird vorwiegend mit der venezianischen Fischküche konfrontiert. Fleischspezialitäten gibt es in Meeresnähe nur wenige, da sollte man das venezianische Hinterland besuchen.

La Strada:
Zwischen Mestre und Palmanova

Schlaraffenland in Autobahnnähe

Die Lagune und ihr Hinterland – das ist der Bauch von Venedig und die Grundlage dessen, was man als venezianische Küche bezeichnet, wenn manche ihrer Wurzeln im friulanischen und trentinischen Bergland liegen.

Was die venezianische Küche betrifft, so gibt es – zumindest historisch gesehen – drei Venezien, die von der mächtigen Lagunenstadt gleichermaßen abhängig waren und wie sie auch ihre Küche bis heute maßgeblich beeinflussten. Gemeint ist natürlich zunächst der *Veneto*, das klassische Hinterland Venedigs, in dem die Dogen und deren Günstlinge in lieblicher Landschaft ihre Villen zu errichten pflegten. Etwas entlegener ist die Region *Trentino-Südtirol*, der die venezianische Küche vor allem ihre deftigen Spezialitäten verdankt (nicht zuletzt die berühmte

Fegato alla veneziana, die nichts anderes als ein mediterraner und daher leichterer (sprich: ohne Speck zubereiteter) Abkömmling der nicht minder berühmten Tiroler Leber ist). In unmittelbarer Nachbarschaft der Serenissima liegt *Julisch-Venetien*, jene Lagunenlandschaft, die sich – gemeinsam mit dem dazugehörigen Hinterland, zu dem auch die lieblichen Weinberge des so genannten Collio gehören – über Marano und Grado bis nach Triest erstreckt.

Die Lagunen von Venedig sowie den östlichen Nachbarorten Marano Lagunare und Grado lassen sich rein geografisch zwar genau voneinander trennen, präsentieren sich dem Auge des Betrachters jedoch als ein Patchwork von sanften Erhebungen in seichten Wasserstraßen, in denen man sich nur mit kleinen Fischerbooten oder fashionablen Segel-

jachten von *tapo* zu *tapo* vortasten kann. So heißen die ungezählten kleinen Inselchen, zwischen denen sich jene Lagunenfischer ihr hartes Brot verdienen, die der Gradeser Dichter Biagio Marin einmal als „Kommandeure der Sümpfe" bezeichnet hat. Ihr Weg ist von vielerlei Pfeilern, Pfählen und in den Schlamm gerammten Staken gesäumt. Die meisten von ihnen sind markiert, manche weiß und rot, manche schwarz und weiß, manche auch grün und schwarz oder grün und weiß. Die Markierung scheint – zumindest für den oberflächlichen Betrachter – keinem bestimmten System zu folgen, ihre ausgewaschenen Musterungen sind eher dem Zufall zu verdanken. Kein Pfahl gleicht dem anderen. Manche wirken wie bunte Totempfähle, andere wurden als Halterungen für Verkehrszeichen zweckentfremdet, wieder andere (runde, weiße Schilder mit roten Umrandungen) zeigen Geschwindigkeitsbegrenzungen für die Boote an, als befände man sich auf einer verkehrsberuhigten Nebenstraße.

Wer von einem dieser Boote auf schwankenden Bohlen von der Lagune aus die Silhouette Venedigs erblickt, der versteht plötzlich Claudio Magris, den Chronisten dieser viel besungenen und viel geschmähten Küstenregion, der über die sehr oft als Brackwasser denunzierten nordadriatischen Gewässer schrieb: „Wie die Blume des *tapo* blüht aus diesen Sümpfen auch die Stadt, die Geschichte. Aus diesen Lagunen entsteht Venedig."

Und mit Venedig entsteht die venezianische Meeresküche. Gewiss: *branzino* (Wolfsbarsch) und *rombo* (Steinbutt) verirren sich kaum mehr in die algendurchwirkten Lagunengewässer. *Scarpene* (Drachenkopf), *muggine* (Meeräsche) und *dorade* (Goldbrasse) stammen meist aus den tieferen und klareren Fischgründen Kroatiens und Dalmatiens. Hummer und Langusten, die gut und teuer sind,

werden ohnedies im Kühlwagen von Sardinien oder dem Atlantik herbeigeschafft. Fischerkähne, die zwischen Grado und Chioggia ihre Netze auswerfen, sammeln meist nur Sardinen ein, die so klein sind, dass sie – in Mehl gewälzt und knusprig frittiert – mitsamt dem Kopf gegessen werden können. Oder aber sie schaffen die Grundlage für einen venezianischen *Brodetto*, eine deftige Fischsuppe, in der so ziemlich alles drin ist, was das Meer gerade hergibt.

Ganz so schlimm, wie die Fama von der komplett ausgefischten Adria es wissen will, ist die Situation auch wieder nicht. In den Küstengewässern tummeln sich immer noch reichlich kleine Seezungen, saftige *seppioline* (kleine Tintenfische), die zarten *canocchie* mit ihrem durchscheinend grau-beigen Panzer, die *garusole* oder Herkulessäulen genannten winzigen Meerschnecken, die wie winzige Jakobsmuscheln aussehenden *canestrelli*, die *capelunghe* genannten Messermuscheln mit ihren fingerlangen, scharfen Gehäusen, die herzförmigen *vongole* oder Venusmuscheln, die schwer auszulösenden, aber wohlschmeckenden *granseole* (Meerspinnen), die muskulös-geschmacksintensiven *tartufi di mare* (Meerestrüffeln), die delikaten *bovoleti* (Kreiselschnecken) sowie der hierzulande *asia* genannte Dornhai, der als besondere Delikatesse der venezianischen Lagunengewässer gilt.

Es ist keine reiche und auch keine vornehme Küche, die da aus den Sümpfen rund um die Lagunenstadt erwächst (auch wenn sie leider längst nicht mehr billig, sondern aufgrund der Gesetze von Angebot und Nachfrage das genaue Gegenteil davon ist). Wie auf einem guten Bauernhof wird vom eingebrachten Fischfang möglichst alles irgendwie verwertet – sogar das schwarze Sekret der Tintenfische. Ihm verdanken zwei der berühmtesten Gerichte Venedigs ihren Namen: *Risotto nero* oder *Spaghetti neri* muss man einfach probiert haben, auch wenn es dem Genießer beim ersten Bissen möglicherweise ganz schwarz vor den Augen wird. Aber wetten? Spätestens nach dem dritten Bissen sind zumindest vorurteilsfreie Schlemmer schlichtweg begeistert.

Wer in Venedig selbst oder in eines der vielen Lagunenrestaurants von Jesolo, Caorle oder Lignano einkehrt, wird vorwiegend mit der venezianischen Fischküche konfrontiert. Fleischspezialitäten gibt es in Meeresnähe nur wenige, da sollte man das venezianische Hinterland besuchen. Tatsächlich haben die alten Venezianer, die sich schon immer gerne in die *Marca gioiosa e amorosa* – das freudvolle und liebliche Land rund um Treviso – zurückzogen, stets auch die Fleisch- und Gemüseküche der drei Venezien zu schätzen gewusst. Deshalb findet sich in so manchem venezianischen Palazzo ein echter friulanischer Fogolar, jener offene Allzweckherd, auf dem man über glühender Holzkohle faraone (Rebhühner) braten, eine Kalbs- oder Hasenleber rösten, eine *gallina padovana* (die köstliche Hühnersorte aus Padua) braten oder den geschmackvollen, weißgerippten und länglichen Radicchio di Treviso gemeinsam mit Fenchelscheiben grillen kann. Aus Treviso stammen übrigens auch die besten Kuttelrezepte, die die Bewohner der Serenissima, wie so vieles andere aus dem Umland, mit großer Freude in den venezianischen Küchenkanon aufgenommen haben. Zu den Lieblingsgerichten der Venezianer zählt schließlich auch die einfache *frittata oder settemplice* – ein simpler, bäuerlicher Eierpfannkuchen mit frischen Kräutern, der freilich eine wahre Köstlichkeit sein kann, und von dem auch eine der beliebtesten Suppeneinlage der Wiener Küche, die Frittaten, ihren Namen ableiten.

Aus dem Brentatal haben die Venezianer wiederum die typischen *bigoli* übernommen, jene dicklichen Vollkornspaghetti, die am besten in einer pikanten Sauce aus Sardellen, Meeresfrüchten, Schalotten und Olivenöl munden und die man im alten Venedig – was uns heute ein wenig dekadent dünkt – gerne mit Hahnenkämmen zubereitete.

Aufgrund der geopolitischen Situation und seiner Handelsmacht war Venedig Jahrhunderte lang in der Lage, sich von allem das Beste zu leisten. So holte man sich den luftgetrockneten Schinken aus San Daniele, die Truthähne aus Vicenza, die Weine aus dem Collio, den Weinbergen rund um den Gardasee und den Colli Berici, die Grappa aus Conegliano oder der Bergstadt Bassano und den Prosecco aus Valdobbiadene – den Nektar aller Bacari zwischen Bella Venezia und Triest.

- - -

Autobahnausfahrt Quarto d'Altino

Die Osteria schlechthin

La Osteria – Giovanna, die Wirtin, und Renato, der Koch, schreiben es voll Stolz über das alte Wirtshaus mit den schönen Balkendecken. Giovanna hat es von ihren Eltern geerbt und mit Charme und Geschmack den „Zeichen der Zeit" angepasst. Entstanden ist tatsächlich eine echte Muster-Osteria, in der selbst anspruchsvolle Weinfreunde immer etwas Neues finden und in der obendrein ausgezeichnet und mit Esprit aufgekocht wird. Wo findet man sonst schon einen Salat von der Kalbszunge oder vom gekochten Rindfleisch? Wo kombiniert man Kalbsbries mit Bauchfleisch? Und wo wird die Gerstensuppe mit frischem Thunfisch verfeinert? Köstlich munden

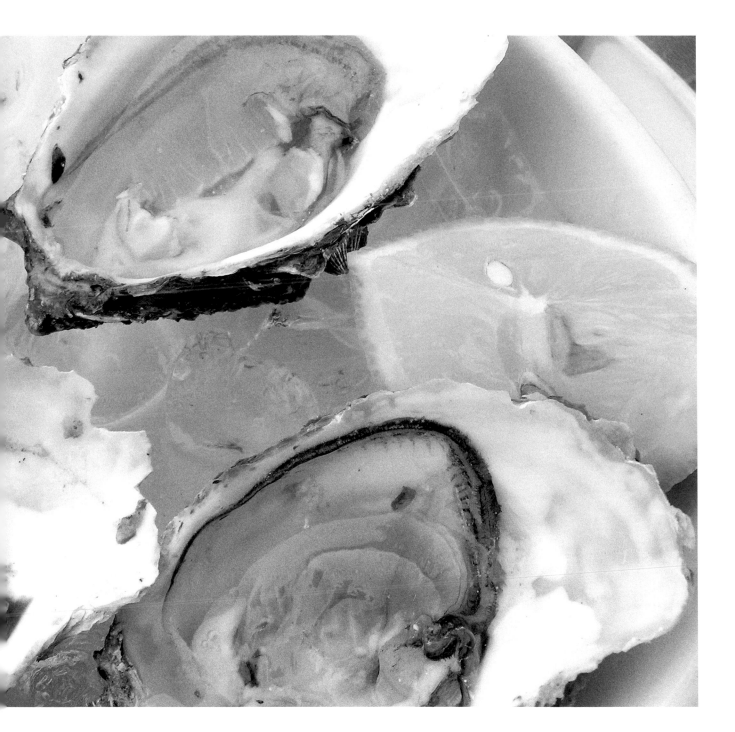

auch die Scampi mit Wurzelwerk-Julienne, Fenchel und Radicchio di Treviso, das frisch gebratene Spanferkel aus dem Ofen oder der Apfelstrudel mit Pignoli und Mascarpone-Sauce. Apropos Mascarpone: Für Käse hegen Giovanna und Renato ein ebenso gewinnendes Interesse wie für den Wein, der im Keller gleich in 300 Etikettenvariationen lagernd ist, von denen jeweils 20 stets im offenen Ausschank angeboten werden.

La Osteria, Piazza IV Novembre, 9 Marcon, Tel.: 041-595 0068, R: Sa, So und Mo Mittag

- - -

Schlemmen unter Hochzeitsglocken

Man sollte in diesem von einem Garten umgebenen Trattoria-Juwel aus der Zeit um 1700 vielleicht nicht dann tafeln, wenn gerade eine große Hochzeit stattfindet (die Kirche ist gleich nebenan). Andererseits ist die Küche auf bis zu 250 Gäste eingerichtet, und man kann es den Hochzeitern nicht verargen, wenn sie für ihren großen Tag dieses wahrlich bezaubernde Ambiente wählen. Das Canaletto ist allerdings nicht nur bei Hochzeitern beliebt, sondern auch bei Venedig-Fliegern, die es schätzen, nur zehn Autominuten vom Marco-Polo-Flughafen entfernt eine gute Adresse zu kennen, die ihnen lange Wartezeiten in der faden Flughafen-Gastronomie erspart. Am besten nimmt man in der romantischen Sala de Caminetto Platz und genießt eine Mousse von Cernia und Lachs, Heuschreckenkrebse aus frischem Fang, Jakobsmuscheln aus dem Ofen, Tagliolini mit Calamari und Radicchio di Treviso oder hausgemachte Gnocchi mit Scampi und Steinpilzen. Auch der im Ganzen gebratene Steinbutt ist wahrlich nicht zu verachten. Hochzeitlich-eindrucksvoll wie so vieles hier sind die Desserts.

Ristorante Canaletto, Venezia-Dese, Via Litomarino, 1 – 30030, Tel.: 041-541 7477, R: So Abend und Mo

- - -

Beim „Italiäner"

Schon die Anfahrt ist eindrucksvoll und erinnert Liebhaber von Gothic Novels an Anne Radcliffes „Italiäner". Man braucht nicht allzu viel Fantasie, um sich vorzustellen, dass nächtens aus den Ruinen des alten Benediktinerklosters am Piave ein sündiger Mönch hervortritt, um mit der Patriziertochter vom dahinter liegenden Palazzo...

Nun ja, so romantisch ist die alte, mittlerweile zu einer Trattoria erweiterte Weinhandlung in einem Cinquecento-Gebäude nun auch wieder nicht, wenngleich sie zugegebener Maßen in Sachen Speis und Trank zum Sündigen anregt. Caterina dall´Antonios Küche geizt mit hausgemachten Würsten und Speck über Stockfisch und Calamari in Venezianertinte bis hin zum Schwein in Saor, der Kaninchenroulade mit Kräutern, den Balsamico-Lammkoteletts und den spannungsgeladenen Dialogen von autochthonen Käsen mit ebensolchen eingelegten Früchten und Kompotten nicht mit Verführungen. Padrone Luigi scheint sich zwischen so vielen Genüssen an der Seite seiner Frau pudelwohl zu fühlen und verwöhnt seine Gästen mit ausgezeichneten Weinen, die großteils aus der unmittelbaren Umgebung stammen.

Il Tirante, 31050 Monastier di Treviso, Località Chiesa Vecchia, Via S. Pietro Novello 48, Tel.: 0422-791 080, R: Mo, Di Abend, Sa Mittag

- - -

Autobahnausfahrt
San Donà – Noventa

Anno 48

Das 48 im Hotelnamen bezieht sich offensichtlich auf das Jahr 1848, denn gleich am Eingang des traditionsreichen Hotelrestaurants kann man die eindrucksvolle italienische Hauschronik kaufen. Eindrucksvoll sind auch die steinernen Gewölbebögen und die antikisierende Einrichtung mit dem heroischen Riesengemälde aus der Gründungsepoche. Während man um die Ecke an der Bar mit den Einheimischen Campari schlürft und Tramezzini knabbert, kann das Ristorante durchaus auf rustikal-historische Eleganz verweisen. Die sowohl auf Fisch- als auch auf Fleischspezialitäten ausgerichtete Speisekarte hält sich vor allem an die klassische Veneto-Küche. Der Weinkellner tut alles, um seine Gäste von der Bestellung nicht-regionaler Weine abzuhalten, weswegen man sich plötzlich auf wundersame Weise mit einem venezianischen Refosco dal Peduncolo Roggio die Roveri oder einem massiv-robusten Rabosino aus dem Barrique konfrontiert sieht. Die Atmosphäre ist romantisierend-gediegen, nichts für Design-Freaks, aber durchaus ein guter Platz für Freunde althergebrachter italienischer Grandezza, die ohne große Experimente auch traditionell italienisch essen möchten.

Hotel Forte Del 48, 30027 San Donà di Piave,
Via Vizzotto Carlo 1, Tel.: 0421-440 18, R: keiner

– – –

Fleischeslust auf Hitchcock-Art

Von außen sieht das Lokal nur wie eine x-beliebige Raststation mit Psycho-Charme Hitchcock´scher Provenienz aus, die – so trostlos wie dekorativ – durch

Caorle

Antica Trattoria alla Fossetta *Bild oben*
Trattoria Guaiane

die trockengelegten Sümpfe hinter der Lagune von Venedig führt. Vor lauter Flachheit sieht man hier nicht einmal das nahe Meer, das man allerdings riecht und das auch einen Teil der Speisekarte dieser zwar großen, aber dank geschickter Zimmeraufteilung sehr familiären Taverna bestimmt. Sehr saftige Sarde in Saor stehen einer deftigen Stockfischsuppe mit Borlottibohnen zur Seite. Und der Fritto Misto mit cremiger weißer Polenta ist auch einer der eher ausufernden Art. Hauptattraktion dieses, was Preis und Leistung betrifft, besonders bemerkenswerten Lokals sind allerdings die „Carni", also alles, was Fleischeslust hervorruft. Aus eigener Fleischerei stammt etwa der Brasiola del Piave, köstlich auch das gegrillte Braciolina mit Rosmarin und die im Ganzen servierte Schweinsstelze. Die Schwammerlsaison sollte man nicht vorbeiziehen lassen, ohne die Kalbsbrust mit einer feinen Fülle aus Steinpilzen und Eierschwammerln verkostet zu haben. Im Mittelpunkt dieser im besten Sinne deftigen Land-Küche steht allerdings der Bollito misto, der mit Siedefleisch vom Rind, Kalbszunge, Kalbskopf, Poularde (gallina) und Cottechino-Wurst zu Salsa Verde und Oberskren aufs Beste bestückt ist. Dazu trinkt man entweder den offenen Rabosino oder Edleres von der als „Weintagebuch" gestalteten Weinkarte. Im Sommer wird übrigens im weitläufigen Garten gegrillt.

Antica Trattoria alla Fossetta, 30024 Musile di Piave, (V), Tel.: 0421-330 296, R: Di

– – –

Wo der Taschenkrebs das Haustier ist

Wer mitten im Zentrum von Noventa in die Viale Guaiane einbiegt, der sollte sich nicht der Illusion hingeben, das gleichnamige Lokal schon gefunden zu haben. Denn die Viale Guaiane ist lange und verzweigt, und immer wenn man meint, ein hübsches Landhausdach, eine schöne Markise oder sonst ein idyllisches Plätzchen gefunden zu haben, welches das Ziel sein könnte, so irrt man; es geht immer noch weiter. Dank guter Beschriftung erreicht man Lucio Mangaronis Trattoria mit einem weitläufigen Innenhof und reichlich Parkplätzen dann aber doch. In dem geräumigen Restaurant mit durchbrochenen Wänden springt neben Schinkenmaschinen, einem Hors d´oeuvre- und einem Austernwagen vor allem eines ins Auge: nämlich ganze Hundertschaften von Buon-Ricordo-Tellern. Da das Guaiane Mitglied dieser Gruppe ist, kann der Sammler, so er den Buon-Ricordo-Teller bestellt, auch seiner eigenen Sammlung wieder ein Stück hinzufügen, auf dem der Hauptdarsteller, der Gransoporo alla Venezia, ein riesenhafter Taschenkrebs mit einem äußerst einnehmenden Lächeln, zu sehen ist. Der Gransoporo hat leicht lachen, denn er ist gewissermaßen das „Haustier" des Guaiane. Es gibt ihn das ganze Jahr über, und man wird ihn selten so perfekt ausgelöst, mariniert sowie mit gestockten Eidottern und geschmortem Porree verfeinert finden wie hier.

Das Guaiane ist jedoch nicht nur ein Meereslokal, in dem man glanzvolle Antipasti mit Meerschnecken und einen famosen Baccalà mantecato findet. Darüber hinaus spielen vor allem Hummer und Hummerkrabben eine Geschmack tragende Rolle. Nebenbei lässt sich hier auch der Fleischeslust frönen. Das anderswo längst ausgestorbene, aber unter wahren Feinschmeckern wieder eine Renaissance erlebende Châteaubriand für zwei Personen wird hier beispielsweise (dank Holzkohlenrost) in schlichter Vollendung zelebriert, indem man dem Gast das notorische englische Gemüse erspart und sich dafür auf die Herstellung einer äußerst würzigen und cremigen Béarnaise konzentriert.

Wie das Guaiane ganz allgemein eher dem althergebrachten Ideal des Schlemmertempels zuzuordnen ist als jenem des modernen Designer-Lokals. Der Service kommt vor lauter Vorschneiden und Herumschieben (grandios auch der Dessertwagen mit Zuppa Inglese, Tiramisu, Panna Cotta, Creme Catalan und vielen fruchtigen Köstlichkeiten) kaum zum Atmen, ist jedoch – aus soignierteren Herren bestehend – von jener Grandezza, die sich kaum aus der Ruhe bringen lässt. Die Weinkarte bietet einen Querschnitt durch alle großen Gewächse Italiens, und die Preislage des Restaurants ist so, dass man sich dieses Schlaraffenland zwar nicht täglich, aber durchaus auch öfters leisten kann.

Trattoria Guaiane, 30020 Noventa di Piave, Tel.: 0421-650 02/651 22, R: Mo Abend und Di

- - -

Schlaraffenland in Autobahnnähe

Das Schlaraffenland liegt nur etwa 40 Kilometer östlich von Venedig. Das Etablissement mit dem schlichten Namen „Al Bacaro" entpuppt sich als ebenso saubere wie attraktive Enoteca mit angeschlossener Osteria. Hier wird zunächst einmal der ganze Tisch mit warmem Brot zum Selberaufschneiden, Salami, Stracchino und geschmolzenen Tomaten bedeckt. Dann kommen die „Antipasti", eine Bezeichnung, die angesichts des Gebotenen schieres Understatement ist. Ungefähr zehn verschiedene, durchwegs recht „reichliche" Vorspeisen zeigen, was Veneto-Küche sein kann. Nichts ist verfeinert, alles ländlich, rustikal-charmant wie die Besitzer, die einen dazu animieren, möglichst lange nicht abzuwinken, denn es fällt ihnen immer noch was Neues ein, das sich zu kosten lohnt. Das Lokal ist einen Katzensprung von der Autobahnabfahrt entfernt. Es gibt

Salsicce, Bigoli oder Pappardelle d´anitra, Polenta, Baccalá, Roastbeef, Carpaccio… und was eigentlich nicht? Keinesfalls versäumen sollte man die hausgemachte Bohnenpaste (aus Bohnen, Essig, Salz und Öl) zum Radicchio sowie das geschmacklich wahrhaft eindrucksvolle Huhn in Saor.

Al Bacaro, Noventa di Piave, VE, Via Piave 21, Tel.: 0421-658 282, R: Di Abend und Mi

- - -

Fasan oder Hummer?

Um bei Fasan zu essen, sollten Sie Hummer mögen. Die Rede ist in diesem Fall vom adriatischen Starkoch Guido Fasan und dem Hummer, den er, gewissermaßen als Wappentier, im Logo führt. Das modern-elegante Restaurant, das an einer Ausfahrtsstraße von Jesolo (man erreicht es, wenn man von Jesolo Paese in Richtung San Dona di Piave fährt) liegt, wurde 1991 gegründet und hegt auch in der Innenausstattung ein Faible für künstlerisch ausgestaltete Hummerscheren. Und im Kalter tummelt sich das hübsche Tierchen, das dann beispielsweise als „Catalana d´astice" oder als Hummerragout zu den Spaghetti alla chitarra auf den Tisch kommt. Guidos Liebe gilt, ob Hummer oder nicht, zweifellos dem Meer, aus dem sich der Großteil der Karte speist und dem sich die aparte Idee eines Pesce spada tonnato, also eines Schwertfischs in Thunfischsauce, verdankt. Köstlich zur Saison sind auch die Kürbisgnocchi mit Scampi und frischem Stangenspargel. Und wenn man etwas Glück hat, bekommt man auch Tagliatelle mit dem seltenen Bottarga (getrocknete Fischeier) vom Branzino.

Ristorante da Guido, 33107 Jesolo Paese, Via Roma Sinistra 25, Tel.: 0421-350 380, R: Mo

- - -

Die Mutter aller Vinotheken

Roberto Tentoris Vinothek zählt zu den berühmtesten in Norditalien und gilt mit rund 200 Etiketten unter Kennern als „Pantheon des guten Trinkens". Vieles davon wird auch glasweise ausgeschenkt. Dazu gibt es eine kleine Küche mit passenden Happen von Carpaccio über Sarde in Saor bis hin zum marinierten Knurrhahn. Unbedingt kosten sollte man auch die berühmte Zuppa di Cipolla (Zwiebelsuppe) des Hauses. Erfreulich groß ist die gebotene Auswahl exzellent gepflegter Käse und unterschiedlicher Schinkensorten wie z. B. Montagnaga. Vor oder nach Lagunenfahrten, etwa ins einsam-idyllische Lio Piccolo, genau der richtige Platz für eine gepflegte Einkehr.

Enoiteca La Caneva, 33106 Jesolo Paese, Via Antiche Mura 13, Tel.: 0421-952 350, R: So, Mo (nur in der Wintersaison)

- - -

Zu Gast bei Omar

Das erst unlängst von einer Trattoria Antica zu einem fashionablen Restaurant umgebaute Etablissement der Familie Zorzetto liegt mitten in der sommerlichen Floridameile und winterlichen Geisterstadt von Jesolo-Lido und ist nach seinem berühmtesten Aushängeschild benannt, dem italienischen Sommelier des Jahres 1990, der sich bis heute persönlich und mit Einfühlungsvermögen um die Weinberatung des Hauses kümmert. Zur hier vorherrschenden Fischküche, die beispielsweise ein köstliches Duo von schwarzen und weißen Ravioli mit Marmorbrassen- und Meeräschenfülle auf verschiedenen Saucen präsentiert, zählt auch das große Degustationsmenü von den Merluzzobällchen über die Kürbisgnocchi mit Jakobsmuscheln und Garnelen bis hin zum Branzino. Spätestens beim Käse kommen neben edlen Weißweinen zum Fisch auch die Rotweine der Region zum Zug.

Ristorante „da Omar", 30017 Lido di Jesolo,
Via Dante Alighieri 21, Tel.: 0421-936 85, R: Mi

- - -

Der Achill der Meere

Den Besuch der Ortschaft Cavallino sollte man mit einer Fahrt nach Punta Sabbioni beginnen, dem nur wenige Kilometer von hier entfernten venezianischen Land´s End. Hier fahren die Fähren zum Lido di Venezia ab, hier hat man auch einen wunderbaren Blick nach Torcello und hier riecht, ahnt und nimmt man die Lagunenstadt aus gar nicht so weiter Entfernung schemenhaft wahr. Auf dem Kanal tummeln sich Gondeln und Boote mit geblähten bunten Segeln, an Land trifft man auf stillgelegte, aktive oder zu Eigenheimen umfunktionierte Leuchttürme und alte Hafengebäude.

Cavallino selbst übt sich indessen in unauffälliger Stille. Der Hauptplatz wird von einer kleinen, unter Hochzeitern beliebten Kirche dominiert, die eher eine Kapelle als eine Kathedrale ist. Und gleich daneben rittert, zwischen Kirche und Lagune, Achill mit Poseidon.

Um es gleich vorwegzunehmen: Poseidon wird hier immer siegen. Denn „Da Achille" ist eines der besten Fischrestaurants zwischen Venedig und Triest. Mit dem Perfektionismus der Familie Scarpa nähern sich nur wenige Gastronomen dem Thema Meeresfisch. Alleine, was der Küche zum Thema „Fritto misto di mare" einfällt, kann sich hier sehen und schmecken lassen – ob der Vielfalt und Güte der verwendeten Produkte eine wahre Augenweide. Dass zu diesen Köstlichkeiten ein Blick auf die Lagune möglich gemacht wird, ist dann fast schon

als Luxus in seinem ursprünglichsten Sinne, als wahre Überfülle von sinnlichen Eindrücken und daraus resultierender Sinneslust zu bezeichnen.

Rund um Lucio Scarpa, diesen Achill des Fischfangs und der Fischzubereitung, ließe sich eine halbe Ilias schreiben. Sorgfältiger als hier kann eine marinierte Seespinne oder eine Zuppa di Pesce kaum zubereitet werden. Die großartige Küche speist sich jedoch nicht nur aus der Lagune und dem offenen Meer, sondern auch aus Signore Scarpas eigener Fischzucht im nahen Saccognana, der die Speisekarte auch Raritäten wie seltene Meeräschensorten verdankt. Man speist gediegen-elegant und doch in familiärem Rahmen in einem Gemäuer aus dem siebzehnten Jahrhundert. Die Weinkarte versteht es, die Fischgenüsse mehr als nur komfortabel zu begleiten.

Da Achille, Jesolo-Cavallino, Piazza Santa Maria Elisabetta 16,
Tel.: 041-968 005, R: Mo (im Sommer nur mittags)

- - -

Autobahnausfahrt Cessalto

Beim kochenden Troubadour

Keine Angst: Trotz des opernseligen Namens singt hier keiner, dafür wäre allein schon der Grundpegel dieses bäuerlichen Lokals viel zu laut. Der Trovatore, bei dem man entweder an langen Tafeln oder kleinen Tischen, aber stets bei äußerst gepflegter Tischkultur, Platz nimmt, ist nämlich ein kleines Schlaraffenland und ein guter Ort, um Land und Leute kennen zu lernen. Man sitzt unter massiven Holzbalken und Kupfertöpfen, erfreut sich der Begleitung vieler Bastflaschen, Ölschinken sowie bemalter Keramikteller und lässt sich vom Service gewissenhaft aufsagen, was es denn so alles gäbe. Wenn etwa das Codewort

„Uovoli" (Kaiserlinge) ertönt, freut sich der Pilz-
gourmet, wenn er allerdings danach fragt, ob
denn die berühmte Schwanengans des Hauses
noch vorrätig sei, wird er abschlägig beschieden.
Die Uovoli, hauchdünn roh aufgeschnitten, mit einigen Parmesansplittern und nur ein paar Tröpfchen
Öl serviert, erfüllen sogar höchst gesteckte Erwartungen. Auch die mit Ricotta gefüllten und mit ge-
bratenem Speck umwickelten Feigen bringen den
Gaumen schnell zum Singen. Die Pasta fatta in casa
hingegen (in unserem Fall Tagliata mit Steinpilzen)
ist so offensichtlich hausgemacht, dass sich darunter
die Tische biegen. Feinnervigere Gaumen sollten
vielleicht davon absehen, sie zu bestellen. Das ge-
schmorte Perlhuhn erfüllt mit Polenta und Bratkartoffeln alle Erwartungen, die man an eine deftige
venezianische Bauernküche stellen kann, das Kaninchen mit denselben Beilagen ist hingegen ganz
eindeutig zu trocken. (Ganz im Gegensatz zum
abschließenden Apfelstrudel mit Grappa-Creme).
350 durchwegs edle Weine und 80 Edelbrände
warten darauf, ausgetrunken zu werden. Zur doch
sehr erdigen Küche passt allerdings der preisgünstige
Vino della Casa exzellent.

Wer sich, was leicht vorkommen kann, am
Schluss des Menüs etwas behäbig fühlt, dem hilft
ein Spaziergang entlang des Piavon, der gleich am
Haus vorbeifließt.

Al Trovatore, 30022 Ceggia (VE), Via Noghera, 31,
Tel.: 0421- 329 910, R: Mo, Betriebsferien: 3 Wochen im August

– – –

Da Achille *Bild oben*
Al Trovatore

Eine Bio-Azienda zum Verlieben

Nur den sprichwörtlichen Katzensprung von der
Autobahnabfahrt Cessalto (in Richtung Ceggia)
entfernt, ist Anna Baldisseras romantisch gelegene,

Lignano

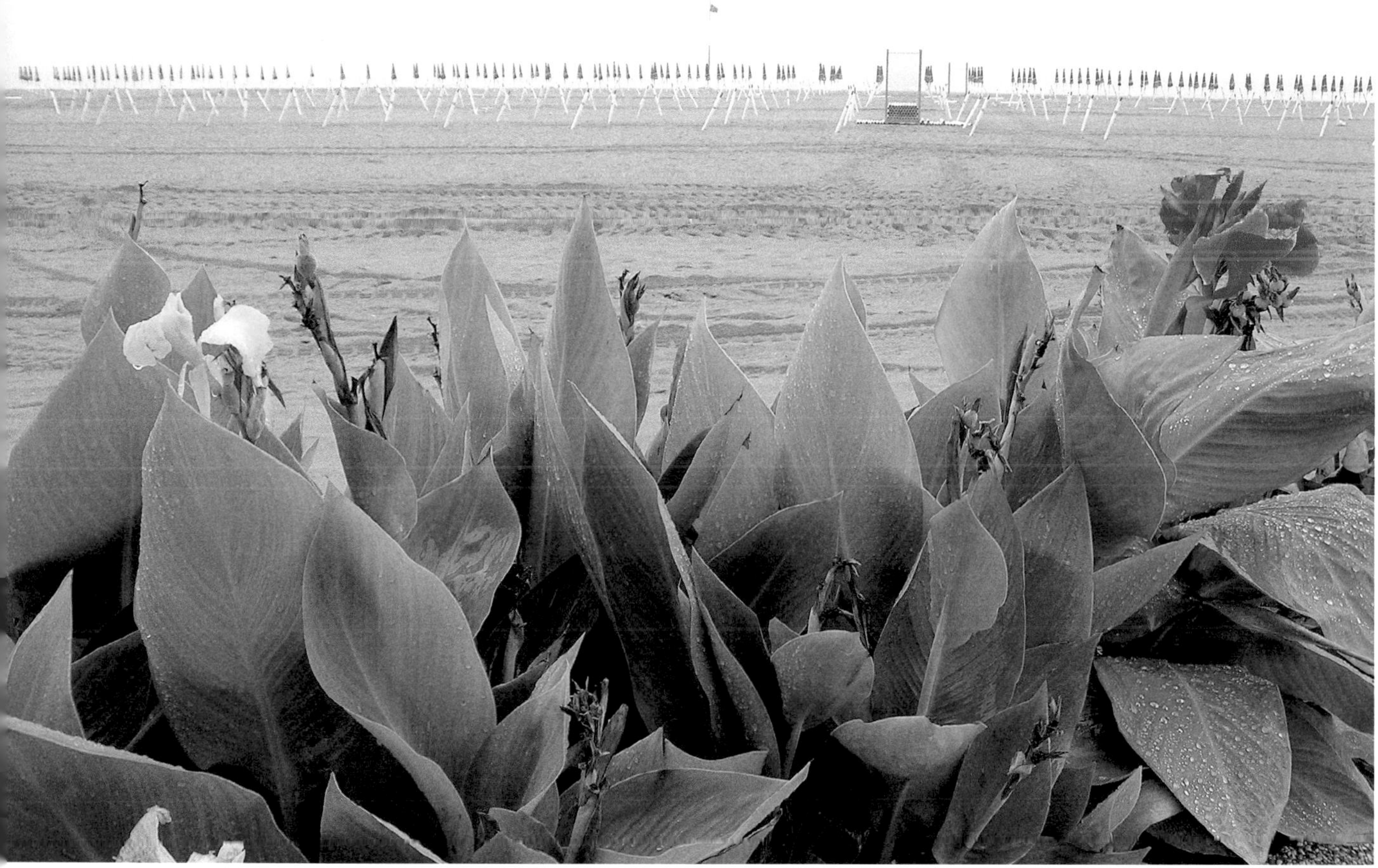

rostrote Bio-Azienda zu finden. Hier führt sie einen klassischen Agroturismo, wobei auf den Tisch kommt, was rundherum, vom Perlhuhn über Enten und Gänse bis hin zu Kaninchen und Ziegen, so kreucht und fleucht. Das Brot wird selbst gebacken, die Polenta „von Hand" aus eigenen Maisbeständen gefertigt. Dazu trinkt man lokale Weine und kann sich, wenn es derer einmal zu viele werden sollten, in einem der Gästezimmer des Hauses auch bequem ausschlafen.

Pra d´Arca Agriturismo, Ceggia, Locanda Pra d´Arca, Via Caltorta 18, Tel.: 0421-329 755, Fr-So sowie auf Vorbestellung geöffnet. Zufahrt: nach der Ausfahrt Cessalto Richtung Il Bosco di Olmé

- - -

Die Villa des lüsternen Bischofs

Wenn man als Schweizerin nach Italien heiratet, dann lässt sich so mancher Jungmädchentraum erfüllen. Nathalie Berto-Christ hat es jedenfalls geschafft, aus eidgenössischer Präzision und opulenter Italianità ein gastronomisches Gesamtkunstwerk zu komponieren. Ganz und gar Lady-like empfängt sie uns im Stiegenaufgang ihrer „Villa Giustinian", um uns durch jene Lustgemächer zu führen, in denen sich vor zweihundert Jahren ein besonders galanter bischöflicher Vorbesitzer ein veritables „Liebesnest" mit acht Spiegeln rund ums Himmelbett eingerichtet hat.

Heute ist die „Bischofssuite" vor allem bei Verliebten und/oder Vermählten ein echter Bestseller und daher meist Monate im Voraus ausgebucht. Doch auch die anderen Räumlichkeiten haben es in sich: Die beiden Gebäudekomplexe der Villa – die in Wahrheit ein veritabler Palazzo ist – sind voll von sinnlich geschwungenen Stucchi, bauchigen venezianischen Lüstern aus Muranoglas, Posaunen spielenden Engeln, schlanken Empiremöbeln mit

kunstvollen Intarsien und duftigen Illusionsmalereien in zartem Pastell, deren schönste sich als Deckenfresko über den freistehenden, acht Meter langen Esstisch in der Eingangshalle wölbt und ausgerechnet den Tanz ums goldene Kalb zum Thema hat.

Damit soviel Weltlichkeit nicht eines geistlichen Gegenpols entbehren muss, gehört auch eine kleine Kapelle zum Anwesen, das – seiner bischöflichen Provenienz zum Trotz – ansonsten allerdings nicht all zu viel Heiliges ausstrahlt. Die Villa Giustinian führt nämlich geradewegs zurück in eine der opulentesten Geschichtsepochen, nämlich ins Italien der Spätrenaissance, in der die Lieblingsbeschäftigung der lebenslustigen Aristokratie „Villagiatura" hieß. So bezeichnete man damals jene mittlerweile zu weltweiter Berühmtheit gelangte venezianische Villenkultur, in der sich die stets unter notorischem Platzmangel leidenden Bewohner der Lagunenstadt in der näheren und ferneren Umgebung Venedigs kunstvolle Schäferidyllen und rustikale Fluchtpunkte fürs zärtliche Tête-a-tête im Grünen schufen.

Die Villa Giustinian ist zweifellos eines der prächtigsten dieser palastartigen Anwesen geworden. Sie befindet sich in Portobuffolé, einem winzigen Ort, der jedoch von Kunstführern mit höchsten Ehren bedacht wird und dessen Geschichte bis in die Antike zurückreicht. Noch bekannter als für seine engen, romantischen Gassen ist das malerische, etwa eine halbe Autostunde von Treviso entfernte Bilderbuchstädtchen jedoch deshalb geworden, weil es mit seinen nur 65 Einwohnern die „kleinste Stadt Italiens" ist.

Erbaut wurde die Villa vor den Stadtmauern gegen Ende des siebzehnten Jahrhunderts von einem venezianischen Kaufmann, der aus dem adeligen Geschlecht der Cellinis stammte. Damals floss vor den

Toren des Palazzos noch die mittlerweile umgeleitete Livenza vorbei, doch im Übrigen hat sich am Flair des Hauses seit dem Gründungsjahr 1695 nicht all zu viel verändert – es sei denn, man betrachtet Marmorbäder und modernsten Hotelkomfort, wie er von Nathalie Berto-Christ mit viel Geschmack in die historische Architektur integriert wurde, als einen grundlegenden Szenenwechsel.

Die mit den berühmten Grittis verschwägerten Cellinis, die die Geschicke der Villa an der Livenza bis 1858 lenkten, brachten neben drei Bischöfen auch einen Dogen von Venedig hervor, der es ebenfalls zu schätzen wusste, sich von seinen Amtsgeschäften in den noblen Schlupfwinkel in Portobuffolé zurückzuziehen.

Wo sich früher Höflinge, Kaufleute und die hohe Geistlichkeit tummelten, fühlen sich heute vor allem der Geldadel, unverbesserliche Romantiker und gestresste Manager zu Hause. An Möglichkeiten zum High-Life fehlt es nicht. Das Haus bietet eine Fülle von Spezialangeboten: Wochenenden in Verbindung mit dem venezianischen Karneval, Weinlesewochenenden, Romantikurlaube „im Himmelbett", verschiedene Angebote in Verbindung mit erlesenen Degustationsmenüs zu Ostern, Pfingsten und Weihnachten oder eine Silvestergala mit Tanz, Live-Musik und Kerzenlicht.

Die Küche hat sich unter vazierenden Gourmets, die ein raffiniertes Cross-Over zwischen maritimen Akzenten und verfeinerten Gebirgsgerichten zu schätzen wissen, einen guten Ruf erworben. Die stattliche Grappa-Sammlung und die hauseigene Vinothek „Ca´ Vin" mit einem gemütlichen Koststüberl und Einkaufsmöglichkeit tun ein Übriges, um den Aufenthalt in der alten Bischofsvilla nicht nur „lüstern", sondern auch durchwegs lustvoll zu gestalten.

Hotel Ristorante Villa Giustinian, Portobuffolé / Treviso, Tel.: 0422-850 244, R: So Abend und Mo; Zufahrt: über Oderzo in Richtung Pordenone

- - -

Autobahnausfahrt San Stino di Livenza

Duilio, ahoi!

Als Großvater Fernando Bertolussi, ein Weltreisender, der aus Venezuela zurückgekehrt war, gleich hinter dem Deich am heutigen Jachthafen ein kleines Wirtshaus errichtete, wurde der Grundstein zu einem mittlerweile recht groß angelegten gastronomischen Projekt gelegt. Mittlerweile erstreckt sich hinter dem Duilio, das Jachtbesitzer mit ihren Luxusbooten sogar direkt ansteuern können, die moderne Ferienstadt Margerita. Dass die Klientel sich zum großen Teil aus Hobbykapitänen zusammensetzt, hat seinen Niederschlag in den vielen maritimen Versatzstücken, den Luken, Sextanten und Schiffsmodellen gefunden, zu denen sich im Zentrum des in gediegenem Separée-Rot tapezierten Lokals auch ein bunt bemalter Fischerkahn im 1:1-Format gesellt. Das Ganze sieht ein bisschen nach Massentourismus aus (und ist auf solchen auch eingestellt), doch man kann im Raum gleich links neben dem Eingang auch sehr individuell und überraschend gediegen speisen. Die Küche ist von der Stockfischcreme mit Polenta und den Bocconcini alla gondoliera (Gnocchi in schwarzer Tinte) über die Spaghetti neri bis hin zur Granzeola und dem abschließenden Sgroppino di limone ganz auf das nahe Venedig eingestellt. Die Hausspezialität (wer sie bestellt, erhält auch einen der beliebten Buon-Ricordo-Sammelteller) heißt Seppiola in umido alla pescatore und entpuppt sich als äußerst schmackhaftes, in einem Ring aus

weißer und „schwarzer" Polenta kredenztes Tinten-
fischragout. Die Weinauswahl ist beachtlich. Der
freundliche Kellner empfiehlt Zeitgenossen, die
ihm sympathisch sind, zuallererst jedoch eine
Karaffe der Hausabfüllung des Prosecco alla spina
(vom Fass) – und das ist zu den meisten der hier
servierten Gerichte eine durchaus schlüssige Empfehlung.

Duilio, 30021 Caorle, Strada Nuova 19, Tel.: 0421-210 361, R: Mo
(außer in der Hochsaison), Betriebsferien: 2 Wochen Ende Jänner

– – –

Kulinarisches Zentralkomitee

Wer seinen Gusto auf Meeresfrüchte und Lagunen-
fische, die er bei einem Besuch der nicht großen,
aber sehr gut sortierten schönen Fischhalle von
Caorle entdeckt hat, nicht mehr länger zügeln
möchte, der tut gut daran, gleich nebenan im Bar-
Restaurant Centrale bei Signor Garrone einzukehren.
Der ist eine Ehrfurcht einflößende Erscheinung mit
wallendem Haar. Er gebietet nicht nur über eindrucksvolle lebende Hummer, sondern auch über
allerlei anderes Meeresgetier, das hier, von Cappe-
lunghe über Mazzancolle bis hin zu Meerestrüffeln
und frisch vom Kvarner eingeschifften Scampi auf
einfache, aber äußerst wohlschmeckende Weise in
gemütlich-eleganter Trattoria-Atmosphäre serviert
wird.

Nuova Centrale, 30021 Caorle (VE) Piazza Papa Giovanni 6,
Tel.: 0421-810 18

– – –

Duilio

Autobahnausfahrt Portogruaro

Rund um den schiefen Turm von Portogruaro

Die verlandete Hafenstadt Portogruaro (zu deutsch: Kranichstadt) lohnt die Abfahrt von der Autobahn keineswegs nur aus kulinarischen Gründen. Handelt es sich doch um ein wunderschönes mittelalterliches Städtchen mit intakter Stadtbefestigung, einen zauberhaft-schattigen Flussufer der Lemene mit den ebenfalls intakten Mühlenrädern, dem zinnengeschmückten Rathaus aus dem 13. Jahrhundert und – last but not least – einem Dom, dessen schiefer Campanile sich in seiner Schrägheit vor dem wesentlich bekannteren schiefen Turm von Pisa in keiner Weise zu verstecken braucht.

Carlo Goldoni meinte einst, es sei eine selten alte Stadt, die wegen ihres schlechten Klimas so gut wie verlassen sei. Vielleicht ist aber auch gerade diese „Verlassenheit" der Grund, warum sich in den schmalen Gässchen der gotische Althausbestand so vorbildlich erhalten hat. Inmitten dieser Altstadt finden sich neben viel Atmosphäre und venezianischer Italianità auch zwei kleine gastronomische Trouvaillen, zu denen die Trattoria Valentino gleich neben der Porta Sant´Agnese ebenso zählt wie das elegante Fischrestaurant La Dogana mit schönen Kaminstuben und angeschlossenem Hotel mitten im Stadtzentrum.

Trattoria „Valentino", 30026 Portogruaro, Via Cavour 41, Tel.: 0421-729 93, R: Mi

- - -

Ristorante La Dogana, 30026 Portogruaro, Via Fondaco 12, Tel.: 0421-275 451, R: So

- - -

Tempi passati

Die Osteria am Straßenrand ist ihrer gut klimatisierten Fremdenzimmer wegen ein recht praktischer Platz zum Nächtigen. Auch wenn sie – wenn man diversen Reiseführern älteren Datums Glauben schenken kann – schon bessere Zeiten gesehen hat, gilt sie immer noch als „Geheimtipp". Vielleicht haben sich bloß die Zeiten geändert. Vielleicht fand man früher nichts dabei, wenn alle Rotweinflaschen (und oft gar nicht üble) stehend gelagert über den ganzen Raum verteilt sind. Vielleicht war die einfache und absolut originalitätsfreie Nudel- und Fleischküche früher kein Grund, sie zu hinterfragen. Und vielleicht galt es früher als originell, Gästen, die sich in Sachen Wein wichtig machten, einfach einen Korkenzieher in die Hand zu drücken und sie zu ermuntern, doch einfach aufzumachen, wonach ihnen der Sinn stehe, über den Preis werde man sich nachher schon einigen. Das Selbstverständnis der Wirtsleute zeugt jedenfalls nicht zuletzt auch von Selbstbewusstsein, vielleicht von etwas übertriebenem Selbstwertgefühl, wie es durch das lahme Entrecôte und den faden kalten Truthahn auf Rucola kaum gerechtfertigt wurde. Allein: Das Kaninchen, das mir der Patron mit glühenden Augen empfahl, war die Augenglut wert, es war saftig und fleischig; zwar einfach nur ein Kaninchen, aber eben ein Spitzenkaninchen. An den zur buddhistischen Geisteshaltung tendierenden Service gewöhnt man sich, und je mehr sich das Lokal leert, desto größer wird der morbide Charme, den es entfaltet. Kein Restaurant, für das man eine lange Anfahrt in Erwägung ziehen sollte. Aber wenn man schon einmal in der Gegend ist, immer noch eine Art von Empfehlung.

Trattoria Alla Botte, Portogruaro, Via Pordenone 46, Tel.: 0421-760 122, Fax: 748 33, www.allabotte.it

- - -

Autobahnausfahrt Latisana

Gänsebraten im Birnbaumschatten

Was der „Tschebull" am Faaker See für die Alpen, das ist das „Da Toni" für die Adria – nämlich eine seit 1928 verlässliche Adresse für landestypische Küche (Gerstensuppe mit Bohnen, hausgemachter Entenspeck, Risotto mit Kräutern, Kalbfleisch mit Spargel überbacken) und feine Weine. Kein Wunder, dass die beiden Restaurants eine jahrzehntelange Partnerschaft verbindet. Und der allgegenwärtige Hemingway hat natürlich auch schon hier gespeist.

Toni und Palmira Morassutti eröffneten ihr Traditionsgasthaus in Gradiscutta schon 1928: „In der Nachkriegszeit kamen die Menschen noch mit dem Fahrrad von weither", erinnert sich Aldo Morassutti, „um bei Mamma Palmira in der Küche Gersten- und Saubohnensuppe und danach einen Gans- oder Entenbraten zu essen".

Den Aufschwung von „Mammas Gänseküche" (heute noch köstlich: der Gänsebraten mit Kren) zu einem international bekannten Ristorante hat Aldo 1958 gemeinsam mit seiner kochenden Frau Lidia eingeleitet, indem er zu traditionellen und oft auch nuancenreich verfeinerten Gerichten wie Bohnensuppe mit Minze, Toc in braide mit Gänseleber, Kürbisgnocchi mit Ricotta oder gebratenen Tauben eine adäquate Weinauswahl bot, aus der sich mittlerweile einer der schönsten Weinkeller im Friulanischen entwickelt hat.

Nach wie vor steht der Fogolar in der Mitte eines der beiden Speisesäle und ist somit auch das Zentrum all jener Gerichte, die, vom Perlhuhn bis zum Bistecca, auf Holzkohlenglut gebraten werden.

Von seiner schönsten Seite zeigt sich „Da Toni" in der Sommersaison, wenn man inmitten des Wirtshausgartens, der schon Parkdimensionen erreicht, im Birnbaumschatten speist.

Da Toni (dell´ Oca), 33033 Gradiscutta di Varmo, Via Sentinis 1, Tel.: 0432-778 003, R: Mo, Di Mittag; Zufahrt: von Latisana über Varmo in Richtung Codroipo

- - -

Zum Teufel

Was im Friulanischen unter einem Diaul zu verstehen ist, daran lässt alleine schon das Wirtshausschild keinen Zweifel. Wer hier einkehrt, der geht schlicht und einfach zum Teufel. Küchenchef Luciano Odorico, der sein Handwerk unter anderem bei Alain Ducasse verfeinert hat, wünscht man jedoch nicht zum Teufel. Ganz im Gegenteil: Er beweist in dem romantischen Restaurant mit dem hübschen Hintergarten, unterstützt von seiner Tochter, was in der friulanischen Küche so alles stecken kann, wenn man das Handwerk beherrscht. Der Bogen reicht von Soppressa mit Radicchio und Polenta über Jakobsmuscheln und Gamberoni mit Steinpilzen bis zum Risotto mit getrüffeltem Täubchen. Es gibt aber gelegentlich auch teuflisch „verbotene" Pferde- und Eselfleischspezialitäten, Kalbszunge mit Kren und ausgezeichnete Desserts. Auch die Weinauswahl ist alles andere, als „zum Teufel" zu wünschen.

Dal Diaul, 33050 Rivignano, Via Garibaldi 20, Tel.: 0432-776 674, R: Fr, Sa Mittag

- - -

Wenn die Adria nach Adrià schielt

Das alte Familiengasthaus aus den 60-er Jahren hat sich unter der Ägide der jüngeren Generation zu einem Restaurant mit bestem Leumund gemausert. Mit Gerichten wie Riesengarnelen mit Tomaten-Mousse und Rotkohl mit Apfelquitte oder Sardellen-

Tropfen auf Fenchelpüree mit knusprigem Grissino wird hier eine moderne, man könnte auch sagen, etwas zeitgeistige Küchenlinie forciert, die zwar auf Grundzutaten aus der Lagune von Marano basiert, aber deutlich in Richtung Ferran Adrià nach Spanien und Heston Blumenthal nach England schielt. Auch Sommelier Alberto schaut in seinem exzellenten und eindrucksvoll-atmosphärisch eingerichteten Weinkeller weit über die Grenzen Italiens hinaus, ohne das „Weinwunder" seiner Heimat deshalb zu vernachlässigen.

Al Ferarùt, 33060 Rivignano, Via Cavour 34, Tel.: 0432-775 039, R: Di Abend und Mittwoch

- - -

Im Paradies

Das Paradies von Annamaria Mauro und Aurelio ist nicht ganz so altehrwürdig wie jenes von Adam und Eva, stammt aber immerhin auch schon aus der Renaissance. Man sitzt entweder in einem schönen Innenhof oder rund um einen Fogolar, an dem sich früher wohl einmal „ewig der Bratspieß" gedreht hat. Annamarias Kreationen – Weinbergschnecken mit Mäusedorn, Gnocchi mit Ricotta und Rucola, Kohltörtchen mit Käsefondue aus viererlei Käsen, Ente mit Kastanienhonig und Dörrzwetschken – bedürfen allerdings etwas modernerer Küchengeräte und, noch wichtiger, besonders geschickter Hände sowie sensibler Gaumennerven. Die Padrona, die ihr Handwerk beim großen Gianni Cosetti, der hier in den Jahren 1998 und 1999 auch selbst tätig war, gelernt hat, besitzt Geräte gleichermaßen wie Geschick und Geschmackspapillen. Ehegespons Aurelio wiederum darf auf das nötige önologische Sensorium verweisen, das ihn in die Lage versetzt, zu Annamarias köstlichen Schmankerln passende – und erfreulicher-

Dal Diaul

weise großteils regionale – Tropfen nach Gusto zu empfehlen.

Al Paradiso, 33050 Paradiso di Pocenia, Via S. Ermacora 3, Tel.: 0432-777 000, R: Mo und Di

– – –

Die Küche aus dem Sumpf

Die Viale Europa ist der Sunset Strip von Lignano, und das erste Haus dort ist seit Menschengedenken der Bidin. „Wir sind eine von jenen vier oder fünf Familien", erinnert sich Luigino Bidin, der heute die ansehnliche Vinothek und Bar des Hauses führt, „die Lignano vor mehr als hundert Jahren als Dorf aus dem Sumpf gegründet haben." Der Name Bidin, daran besteht kein Zweifel, ist älter als Lignano selbst, was auch Luiginos Bruder als Verpflichtung ansieht. Das Ristorante ist im klassischen Stil mit Rohziegelbögen, Kristallluster, Thonetstühlen und etlichen atmosphärischen Ölgemälden gehalten. Die Küche passt, klassisch wie sie ist, zu dieser Atmosphäre. Die Krakententakel vom Holzkohlengrill waren außen crispy und innen saftig. Die Kartoffelcreme dazu war nach dem Robuchon´schen Püree-Vorbild im Verhältnis 50:50 hergestellt, allerdings wurde die Butter dabei durch Olivenöl ersetzt. Dafür gab es umso mehr Butter rund um die ebenfalls recht saftigen Jakobsmuscheln aus dem Ofen. Die Ravioli mit Ricottafülle und das Seespinnenragout waren große (auch so dimensionierte) Pasta-Klasse. Die Lammkoteletts mit den superben Bratkartoffeln waren zart und saftig. Der Baccalá auf Vicentiner Art mit gegrillter Polenta gilt unter Einheimischen als einer der besten zwischen Venedig und Triest und wird von Patron Marino Bidin nur äußerst ungern an Touristen aus Deutschland und Österreich kredenzt. „Die meisten von ihnen", weiß Bidin aus Erfahrung,

Ristorante Bidin

„können mit dem Gericht nichts anfangen und lassen es häufig stehen."

Ristorante Bidin, Viale Europa 1 - 33054 Lignano Sabbiadoro (Udine), Tel.: 0431-719 88, Fax: 0431-720 738, R: Mi

– – –

Shopping naturale

Je nach Marktlage ist dieser hübsch drapierte Bauernladen in einem kleinen Weiler nahe Latisana, den man auf der Straße nach Bibione erreicht, ein Gemüseparadies, ein Obstgarten, ein Schinken- und Salami-Eldorado oder ein Schlaraffenland für Freunde von Enten und Hühnern, die einen Hang zu naturgewachsener Größe haben. Es gibt auf diesem Bauernhof wie aus einem Bertolucci-Film nicht immer alles, aber dafür alles je nach Saison – und stets in allererster Qualität.

Azienda Agricola Bivi, San Michele al Tagliamento, Locanda San Filippo, Via San Filippo 73; im Sommer täglich 8.00–12.30h und 15.00–19.30h, Sonn- und Feiertags 8.30–12.00h, im Winter nur Sonntag vormittags geöffnet

– – –

Autobahnausfahrt San Giorgio – Porpetto

Marano – Mon amour

Der Gradeser Dichter Gamberoni hat die Fischer seiner Heimatstadt einmal als „Kommandeure der Sümpfe" bezeichnet. Ihre „Kommandozentrale" liegt allerdings nicht in Grado selbst, sondern etwas weiter westlich und bereits jenseits der Lagune von Grado, die in Porto Buso endet und dort zur Lagune von Marano wird. Marano Lagunare ist nach Chioggia der zweitgrößte Fischereihafen und Fischgroßmarkt der nördlichen Adria, und er ist es auch nach den radikalen EU-Fischfangbeschränkungen geblieben, die die heimischen Fischer und Gastronomen zwar grundsätzlich einsehen, die sie aber auch, und zwar gerade in den touristisch wichtigen Sommermonaten, um ihr attraktivstes Produkt, den Meeresfisch, bringen. (Der riesenhafte Markt, der die Skyline eines Sonnensegels hat, schaut im Juli und August, obwohl täglich von 6.00-14.00h geöffnet, auch schon am frühen Vormittag entsprechend traurig aus.)
Im Gegensatz zu Grado war Marano kein besonders sehenswerter Ort. Der kleinen Piazza ermangelte es zwar nicht an einer gewissen Italianità, aber sie hatte den Charme des Schmutzigen und war der Ästhetik des Hässlichen verpflichtet, so wie die Düfte in den Hafenbecken den Geruch des Fauligen nicht leugnen konnten.

Mittlerweile hat sich das geändert. Das chamoix-farbene Bild aus der industriellen Vorzeit ist bunt bemalt worden und erinnert an manchen Ecken in seiner blitzblauen und karminroten Sauberkeit sogar an ein Kinderbuch.

Die Frage, warum man Marano Lagunare einen Besuch abstatten sollte, beantwortet freilich auch das nicht. Der Schlüssel zur Antwort liegt nach wie vor im Fischgroßmarkt, der täglich von 6.00–14.00h geöffnet und der der bedeutendste in der Region Friaul-Julisch-Venetien ist. Die Hallen waren freilich immer schon unromantisch und sind, seit der Markt ein neues Gehäuse erhielt, noch unromantischer, dafür aber futuristisch geworden. Man sieht Kühl-wägen aus aller Herren Länder und fragt sich, ob sie nicht letztlich mehr (etwa aus skandinavischen Ländern) herbringen als sie zum Abholen bereit-stellen. Auch jenes pralle, farbenprächtige Markt-leben, das sich aus dem Mittelalter herauf bis in die 70-er und frühen 80-er erhalten hat, ist nicht mehr.

Kein Gianni Cossetti (so hieß damals der Witzigmann Friauls) sondiert frühmorgens die Ware, und auch das gemeinsame Frühstück der Spitzenköche aus ganz Norditalien, für das die „Vedova Raddi" einst berühmt war, ist nicht mehr nach zu erleben.

Überhaupt: die Vedova Raddi. Unter Eingeweihten galt sie, ungeachtet des Rufes, den Newcomer wie das Campiello oder Oldies wie das Dall´Amelia in Mestre genossen, lange Zeit als einzig wahre und schöne Fischadresse zwischen Marano und Grado. Der Grund: Nach dem Markttag trafen sich Fernfahrer, zuweilen auch ein paar Köche aus den besseren Lokalen Friauls in jener Trattoria, die unmittelbar neben den Markthallen lag: bei der „Vedova Raddi". In diesem Gast-Haus im wahrsten Sinne des Wortes hatte sich nämlich seit undenklichen Zeiten nichts verändert, am allerwenigsten die Küche. Selbst unter verwöhnten Gaumen eilte ihr der Ruf voraus, eine der besten entlang der ganzen Adria zu sein.

Mittlerweile hat sich auch die alte Witwe dem Zeitgeist angepasst, dem Haus einen rostroten Anstrich verpasst, einen Designer für die Ambiance bestellt und den unvermeidlichen Glaskubus vor den Eingang gestellt. Das alles wirkte sich selbstverständlich auch auf das Preisgefüge aus. Die Zeiten, in denen man hier um wenig Geld den ganzen Reichtum des Meeres wohlfeil ausgeschüttet bekam und der Vino della Casa praktisch umsonst war, die sind nun auch vorbei.

An der Küche selbst hat sich indessen gottlob kaum etwas verändert. Nach wie vor wird hier nicht mit kreativer Prätention, sondern mit einem sicheren Gefühl für das Produkt gekocht. Die wahre Größe der Küche der „Vedova" bestand auch früher schon darin, dass sie mit den allerfeinsten Grundprodukten – fast – nichts machte. Es ist eine lupenreine adriatische Fischerküche, die da vom Brodetto Maranese über –

je nach Saison – Heuschreckenkrebse, Meerspinne, Messermuscheln und allerlei Lagunengetier bis hin zu gratinierten Capesante und perfekt gegrillten ganzen Fischen geboten wird. Und weil die Fischer die Bauern des Meeres sind, ist es auch im wahrsten Sinne des Wortes eine Bauernküche, deretwegen sich der Abstecher nach Marano lohnt.

Wenn die Vedova geschlossen ist, braucht man nicht zu verzagen: Es gibt auch noch andere empfehlenswerte Adressen in Marano. Nur ein paar Schritte nebenan findet man in einem alten Steinhaus die kleine Osteria Porta del Mar, die man durch eine landestypische Fischerkneipe betritt, in die sich (außer den Kellnerinnen) traditionsgemäß kaum je ein weibliches Wesen wagt. Die Bar mündet freilich in ein fast elegant zu nennendes Restaurant in attraktivem Stein-Setting mit dicken Balkendecken.

Wer nunmehr weiter stadteinwärts bummelt, gelangt zunächst auf den Hauptplatz und damit auch auf das (nach einem kompletten Umbau) glanzvollste Restaurant der Stadt, die Trattoria Stella D´Oro. Am Rathaus vorbei führt der Weg schließlich schon an den Stadtrand der kleinen Siedlung, wo das Dreistern-Hotel Jolanda liegt. Es ist nicht nur ein guter Platz zum Übernachten für all jene, die sich dem maranesischen Charme nicht nur im schnellen Vorbeigehen erschließen möchten, sondern birgt auch eine gemütliche Fisch-Trattoria mit Holzkohlengrill, in der „typisch maranesisch" gekocht wird. Und nicht wenige, die hier gespeist haben, behaupten, dass man immer häufiger jene Fischfreunde antrifft, die früher ausschließlich auf die alte „Vedova" geschworen haben.

Vedova Raddi (Trattoria alla Laguna), Piazza Garibaldi 1, Tel.: 0431-670 19

– – –

Osteria Porta del Mar, 33050 Via Porto del Friuli 2,
Tel.: 0431-640 408, im Winter Mittwoch geschlossen

– – –

Trattoria Stella D´Oro, Piazza V. Emmanuele, Tel.: 0431-670 18

– – –

Jolanda, 33050 Marano Lagunare, Via Udine 7/9,
Tel.: 0431-677 00, Fax: 679 88

– – –

Operation Wildsau

Porpetto um die Mittagszeit könnte fast von Fred Zinnemann inszeniert sein. Weiß glühen die Straßen, da und dort schwänzelt ein Salamander die Hausmauer hinauf. Die Jalousien sind geschlossen und die – wenigen – Straßen menschenleer. Wie jede Westernstadt hat auch Porpetto ihren Saloon, und der hält in der Via Matteotti die Türen offen sowie die Propeller am Schwirren. Das Haus, in dem die alte Tavernetta untergebracht ist, hat ein beträchtliches Alter auf dem Buckel und daher auch schon angenehme Kühle in seinen Terracottaböden gespeichert, die der Gast als absolut wohlig empfindet. Ansonsten schaut es auf der einen Seite aus wie in einer Galerie, auf der anderen wie in einem Maskenfundus für Shakespeares Sommernachtstraum: Da ein Hirschkopf, dort eine Wildsau, da ein Rehbock und dort ein Marder mit buschigem Schweif. Zur Jagdzeit muss es hier herrlich sein, doch wir kommen Ende Juli, und da ist es auch nicht schlecht, selbst wenn das wildeste Vieh auf der Karte eine zart geräucherte Lachsforelle ist, die man sowohl als Carpaccio als auch auf Toasts serviert. Der Trota-Toast ist nur ein Bestandteil des hervorragenden Vorspeisentellers, der verschiedene Frittatas, Gänsespeck, Oliven, einen köstlichen Pilzraviolo und allerhand Crudités froh vereint. Es folgen Gnocchi di Zucca

mit einer fast schon bonbonartigen Fruchtsüße, die in konzentriertem Tomatensugo serviert werden, oder Tagliatelle mit Pilzen. Zuletzt probieren wir noch einen hauchzarten geschmorten Kalbsbraten sowie die zu den Hausspezialitäten zählenden Lumachi. Das sind Schnecken, die ihr Leben abseits der Dose fristen und auf so wundersame Weise entschleimt werden, als handle es sich um Trauben für Spitzenweine. Apropos Weine: An guten Tropfen findet sich so allerlei in der Vitrine (u. a. von Torre Rossazza), aber auch der Vino sfusa, den man von Mutter oder Tochter vor oder nach dem Essen auch in der gemütlichen Bar der Tavernetta serviert bekommt, ist alles andere als zu verachten.

Alla Tavernetta da Aligi, Porpetto, Via Matteotti 12,
Tel.: 0431-602 01, R: Mi

– – –

60 Essige und 500 Weine

Wer in dieser Gegend absteigen möchte, tut gut daran, sich in einem der zwölf Zimmer der Familie Guanetto einzuquartieren, die schon seit den 30-er Jahren des vorigen Jahrhunderts für Gastfreundschaft, Weinfreundlichkeit (gezählte 80.000 Flaschen und 500 Etiketten umfasst der sehenswerte Keller mittlerweile) und gute Küche bekannt ist. Gekocht wird klassisch-friulanisch auf vorzüglichem Niveau, wobei auch viele fast schon vergessene Gerichte wie Patate sglonfade oder Polenta Cujnzàda die Speisekarte zieren. Ganz comme-il-faut munden die Schinkenspezialitäten aus der Gegend, die mit Entenragout gefüllten Gnocchi oder die geschmorten Kalbsbackerln. In Hochform befindet sich die Küche auch zur Spargelsaison, und auf Fischspezialitäten wie Angler auf Kürbiscreme oder Goldbrasse mit Orangensauce ist mehr als nur Verlass. Ein besonderes Anliegen Ivan Guanettos sind die Produkte der Region, die man hier in erlesener Qualität – darunter auch 60 (!) Essigsorten – in der angeschlossenen Gourmetboutique erwerben kann.

Da Nando, 33050 Mortegliano, Via Divisione Julia 14, Tel.: 0432-760 187 (Trattoria), 0432- 826 746 (Hotel), R: Di und So Abend

– – –

Autobahnausfahrt Palmanova

Palmanova – geometrisch speisen

In der 1593 von Vincenzo Scamozzi geometrisch angelegten Festungsstadt Palmanova kann man sich zwar schwer verfahren, es ist aber dennoch alles andere als leicht, in der in Form eines absolut symmetrischen, neunzackigen Sterns angelegten Siedlung rund um einen zentralen Platz, von dem sechs Hauptstraßen strahlenförmig abgehen, wirklich zurecht zu kommen und dann auch noch das geeignete Restaurant zu finden.

Nun ist Palmanova auch gewiss keine Gourmetmetropole, es verfügt aber mit der Trattoria „La Campana d´Oro" – ein einladender Name – über eine ebenso attraktive wie authentische kulinarische Adresse. Man erreicht das Lokal am leichtesten, wenn man vom großen Platz aus in Richtung Porta Udine fährt.

Das von Margherita Gandin und ihrem Filius sehr familiär geführte Restaurant geht in der Gestaltung der Speisekarte einen soliden Weg zwischen „Monte e Mare", weshalb man hier sowohl Gänsespeck und Schinken aus den Gebirgsregionen von Sauris als auch Heuschreckenkrebse und Sarde in Saor offeriert bekommt. Gekocht wird, wie das Gulasch oder der gegrillte Montasiokäse beweist, eher deftig, und auch die Seppie verbergen ihr weißes Antlitz unter öliger schwarzer Tinte. Wer es gerne ein wenig leichter hat, bestellt lieber Branzinofilets mit Koriander oder Steinbutt „al forno". Ein Grappa am Schluss kann der Verdauung dennoch nicht schaden.

Und wenn man schon in Palmanova ist, so sollte man auch die Chance nützen, in der etliche Kilometer außerhalb der Stadtmauern in der Industriezone von Palmanova gelegenen Delikatessenhandlung Jolanda de Coló die Pasta Malma (vielleicht die beste Pasta Italiens, zumindest sind etliche friulanische Top-Gastronomen dieser Meinung) sowie geräucherte und getrocknete Gänsespezialitäten (auch Leber) aus eigener Produktion einzukaufen. Ein echter Geheimtipp!

Trattoria La Campana d´Oro, Palmanova, Borgo Udine 25b, Tel.: 0432-928 719, R: So, Mo Abend, Di

– – –

Jolanda de Coló, Palmanova, Ostausfahrt, erste Straße links nach dem Osttor, Tel.: 0432-920 321

– – –

Im Collio

- - - südöstlich von Udine

Die Straße von Udine nach Görz gilt Friaul-Genießern zwar offiziell als Weinparadies, in Wahrheit ist sie aber eine eher unansehnliche Möbelmeile. Links und rechts der SS 56 wird so ziemlich alles an Designermobiliar gezimmert, was zwischen Zürich und dem Big Apple für unterkühltes Italo-Flair sorgt. „Il sede" als Trademark bringt freilich neben „Il vino" auch gutes Geld in die Gegend.

Ein Abstecher
in den Collio

Köstliches Hügelland

Feinschmecker auf dem Weg von Venedig nach Triest werden wohl kaum umhin kommen, ein wenig nach Norden und somit nach Udine zu schielen. Der gastronomische Raum rund um Udine bietet allerdings Stoff für ein eigenes Buch, das mindestens die Dimensionen des vorliegenden haben müsste. Der Autor bittet daher um Verständnis, wenn die Stadtgrenzen Udines in diesem Buch nicht berührt und auch der kulinarisch so ertragreiche Collio nur – anhand einiger persönlicher Erfahrungen – gestreift wird, bevor die Reise nach Triest zunächst auf den Fährten der Patriarchen von Aquileia und Grado sowie auf jenen von Rilke und den Habsburgern fortgesetzt wird.

Was macht das Chianinakalb im Fischrestaurant?

Die Straße von Udine nach Görz gilt Friaul-Genießern zwar offiziell als Weinparadies, in Wahrheit ist sie aber eine eher unansehnliche Möbelmeile. Links und rechts der SS 56 wird so ziemlich alles an Designermobiliar gezimmert, was zwischen Zürich und dem Big Apple für unterkühltes Italo-Flair sorgt. „Il sede" als Trademark bringt freilich neben „Il vino" auch gutes Geld in die Gegend, und das ist wohl der Grund, dass sich das „Campiello" hier schon seit vielen Jahren nicht über Besuchermangel zu beklagen braucht.

Le Dune

Erinnert das Hotel am Straßenrand auf den ersten Blick eher an eine Vertreterabsteige, erfreut es den Besucher aber nicht nur durch schöne, saubere Fremdenzimmer, sondern vor allem durch ein wirklich geschmackvolles Restaurant mit vielen Gemälden, noch mehr Weinflaschen und etlichen Lampen, von denen sich einige auch auf Weinflaschen (so z. B. auf einer Magnum von Krug) wohl zu fühlen scheinen.

Dass den Gast hier, immerhin eine gute Autostunde vom Meer entfernt, eine der besten Fischküchen Norditaliens erwartet, ahnt beim Hinsehen niemand. Doch Padrone Dario Macorig ist, was Wein, Fisch und Küche betrifft, ein absoluter Qualitätsfanatiker. Was immer auch auf den Tisch kommt, ist präzis, aber niemals prätentiös angerichtet. So erscheinen die frischen Jakobsmuscheln aus der Lagune von Grado auf einem wohl abgeschmeckten Auberginenpüree mit streichholzgroßen, frittierten Schnitten von der Zucchinihaut. Die Heuschreckenkrebse kommen, wie ein Salat angemacht, aber erfreulicherweise bereits von ihren Panzern befreit, auf den Tisch. Die Alici di Saccaleva werden mit Cipolline, Tomaten und etwas altbackenem, getunktem Brot (nach Art einer toskanischen Panzanella) angerichtet.

Die Paccheri „Malma", in Italien zur Zeit als exklusivste und teuerste Nudelsorte gehandelt, werden von einem Franzosen und einem Süditaliener aus Amber Durum in Polen hergestellt, haben Biss, schmecken nicht nach Mehl und saugen das erfrischende kalte Pesto mit den sauer eingelegten Alici auf wie ein Schwamm. Selbstverständlich gibt es auch die hauchdünnen Spaghettini mit Bottarga, den getrockneten und dadurch hochwürzigen Fischeiern der Meeräsche. Der Fritto Misto ermöglicht tiefe Laguneneinblicke und enthält auch ein paar gebackene Gemüsesorten. Und weil Dario Macorig bei aller eingestandenen Liebe zur Küche letztlich doch ein Weinlokal führt, kann er sich nicht nur mit den besten Weißweinen seiner Heimat zufrieden geben, sondern muss, um auch seinen formidabel sortierten (und im Vergleich zu den Großstädten recht preisgünstig kalkulierten) Rotweinkeller ins rechte Licht zu rücken, auch echte Rotweinknüller wie Spanferkelrücken, T-Bone vom Chianinarind oder (in unserem Fall) vom Chianinakalb auf die Karte setzen. Das Fleisch war von so unvergleichlicher Zartheit, dass jede Sekunde, die es länger am Grill zugebracht hätte, einen Qualitätsverlust zur Folge gehabt hätte, weshalb Signor Macorig es sicherheitshalber messerrückendick wie ein (echtes) Carpaccio aufgeschnitten hat und man es problemlos auf der Zunge zergehen lassen konnte.

Käse und Sorbetto di Frutta schlossen den Magen. Herr Macorig hingegen wird bald ein neues Lokal eröffnen, um seinem Freund Dante Bernardis und dessem kongenialen Küchenchef, die ihr grandioses „Blasut" verlassen mussten, eine neue Bleibe zu geben und Friaul nicht seine genialste Fleischküche zu nehmen. Macorig kann sich das leisten. Denn die beste Fischküche hat er ohnedies längst.

Campiello, S. Giovanni al Natisone, 33048 S. Giovanni al Natisone, Via Nazionale 40, Tel.: 0432-757 910

– – –

Dünen in den Weinbergen

Der Mann, der Giovanni di Carta heißt, also gewissermaßen nach seiner Speisekarte benannt ist, verfügt über keine solche. Er ist ein Patron der gargantuesken Art, schwelgerisch, leutselig und mit jeder Faser seiner Persönlichkeit signalisierend, dass ihm das, was er kocht, auch schmeckt. Man kann sich also getrost in seine Hand begeben und ihn einfach

machen lassen. Und er macht, was er hat. Das ist niemals wenig, manchmal mehr, und zuweilen ziemlich viel. Giovanni beherrscht die Kunst der Reduktion auf das Wesentliche, er mariniert nicht mehr als notwendig, da aber mit den feinsten Aromaten. Seine Fischcarpacci, ob vom Angler oder Tonno, zergehen auf der Zunge, seine Scampi sind von unvergleichlichem Schmelz, seine Heuschreckenkrebse haben ebenso den idealtypischen Biss wie die Granseola, die er beinahe unmariniert „natur" serviert – sie könnte anders kaum besser munden. Manchmal beweist er Mut, etwa beim Würzen seiner Branzino-Suppe, die so scharf ist, dass sie, wie der kongeniale Maître lachend erklärt, in ihrer digestiven Wirkung bequem als Sorbetto durchgehen würde. Manchmal erweist er sich (etwa bei der Bemessung des Bottarga-Anteiles für die Spaghettini) als überraschend großzügig und immer ist Giovanni di Carta gastfreundlich, ob er nun das crosse, selbstgebackene Fladenbrot oder die hinreißenden Petits Fours serviert. Die Atmosphäre dieses kleinen Restaurants in einem kleinen Ort lebt von einfachen Gemälden, die an afrikanische Volkskunst erinnern, und passt zur ehrlichen Küche Giovannis. Seine Weinkarte beschränkt sich weise auf das Umliegende, da jedoch nur auf das Beste. Wir ließen uns zwei brillant orange schillernde (Grauburgunder-lastige) Cuvées von Radikon und Gravner öffnen und hatten ein Weinerlebnis der besonderen Art.

Unter Kennern wird das Le Dune, wenn es um die besten Fischrestaurants Norditaliens geht, immer wieder genannt, und das ist gewiss keine Übertreibung.

Le Dune, 34070 Gorizia, Mariano del Friuli, Via Dante 41, Tel.: 0481-690 21, R: Mo

– – –

Tuti per tutte

Der Adler, der über dem „Aquila d´Oro", einem alten Langobarden-Kastell mitten im friulanischen Collio, seine Flügel ausbreitet, ist gewiss kein Doppeladler. Und dennoch: Der altösterreichische Grundton, der die friulanische Küche prägt, ist auch in diesem wahrhaft schlossherrlichen Anwesen spürbar. Padrone Giorgio Tuti führt seinen Betrieb hier schon seit Jahren mit Verve und Drive, vor allem aber mit dem spürbaren Ehrgeiz, hier eines der besten Restaurants Norditaliens zu schaffen. Dass ihm dies souverän gelingt, liegt nicht nur an der gediegenen historischen Ambiance und dem von Italien bis Bordeaux formidabel bestückten Weinkeller, sondern vor allem an der Kochkunst seiner Gattin Anna. Zwischenzeitlich hörte man von Turbulenzen, und plötzlich erstand das alte „Aquila d'Oro" unter neuem Namen als Castello di Trussio wieder und hat noch viel mehr als nur ein Dèja-vu: Nach wie vor präsentiert sich das Anwesen als veritable Fortezza in feinster Lage mit herrlichem Weingartenblick, wunderschön-elegantem Garten und gediegenen Speiseräumen. Fast noch üppiger sortiert als je zuvor ist Signore Tutis Top-Weinkeller. Seine Gattin Anna bietet viele klassische, aber immer noch elaborierte und noch präziser ausgearbeitete Gerichte wie Scampi lardato mit Bohnenpüree, Orzotto mit Wildente aus den Lagunen, Adria-Branzinofilet mit Wildspargel, Cremino von Illy-Kaffee oder Walderdbeeren-Mousse an, allerdings auch zu entsprechenden Preisen. Ein Abstecher ins Castello ist also für Feinschmecker ein Must, allerdings eine Art kulinarisches Must de Cartier.

Castello di Trussio, 34070 Dolegna del Collio, Via Ruttars 11, Tel.: 0481-605 45, R: Mi u. Do

- - -

Kleine Taverne mit großen Weinen

Nicht ganz so prunkvoll wie das dahinter liegende Castello di Spessa, aber immer noch elegant genug für einen gediegenen Abend, ist die Schlosstaverne von Maurizio mit dem gastfreundlich anmutenden Familiennamen Dall´Osto. Die inspirierte Meeresküche (Thunfisch-Carpaccio, gefüllte und gratinierte Tomate mit Gemüse, Käse und Büffelmozzarella, Stracci-Pasta mit Wachteln und Rosmarin, Meeresfische in der Salzkruste, Lammkarree mit jungen Gemüsen, Millefoglie mit Waldbeeren) wird von gediegenen Weinen bestens begleitet. Dank gepflegter Zimmer (drei Sterne, durchwegs mit Teich-, Weingarten- oder Schlossblick) ein idealer Stützpunkt für Collio-Reisen, auch für Golf-begeisterte Gourmets (18 Löcher!). Kombinierte Wein-, Golf- und Gourmetpackages gibt es auf Anfrage.

Tavernetta al Castello, 34070 Capriva del Friuli (Go), Tel.: 0481-808 228; Pkw: zwischen Udine u. Gorizia, südlich von Cormons, R: So Abend, Mo

- - -

I Zoppolatti nelle sue variazioni

Das aus einer einfachen Trattoria hervorgegangene Al Giardinetto ist zurzeit das wahrscheinlich beste Restaurant Friauls. Der Fantasie der Küche von Giovanni und Paolo Zoppolatti sind kaum Grenzen gesetzt. Wir starteten mit einem Traminer aromatico (Gewürztraminer) von der Tenuta Villanova, der vielleicht etwas zu breit war, um wirklich zu den ersten Gewächsen seiner Art zu zählen. Er ist aber dennoch ein Wein, von dem man gerne mehr im Keller hätte, allein schon, um ihn mit Gerichten wie dem Truthahnsalat „in saor" zu kombinieren.

Das Gericht selbst war sicher nicht das beste, das ich je im Giardinetto verkosten durfte, doch es birgt

eine grandiose Perspektive: Wenn es denn möglich sein sollte, das Saor von den Sarde und damit von den Fischen abzulösen, so tun sich bislang ungeahnte geschmackliche Harmonien auf. Die Kombination von in Picolit und etwas Essig geschmorten Zwiebeln mit Pignoli und Rosinen eignet sich nämlich perfekt, um Kurzgebratenes lauwarm als Vorspeise zu servieren. Vielleicht sollte man es mit Kalbsbries probieren. Aber auch Hühnerschultern, Flusskrebse, Hahnenkämme und Morcheln sind Kandidaten für diese Garnitur. Halt! Ich überschreite die Grenzen der Restaurantkritik: Die sollen kochen – ich habe zu kosten!

Anfangs gab es ein kleines Antipasti-Tris aus Gänseverhackert (auch eine Idee, die man aufgreifen kann; man braucht dafür nur eine geräucherte Gänsebrust zu faschieren), Spießchen vom Prosciutto Cotto (da fehlte mir etwas; vielleicht ein bisschen Kren) und Thunfisch-Espumas (die müssen offenbar sein).

Es folgten meine geliebten Cjalsonz, wenngleich nicht in der leicht süßen Variante, sondern in der auf Nummer sicher gehenden, die entfernt an Kärntner Kasnudeln erinnerte: ein recht kräftiger Nudelteig war mit Erdäpfeln und viel Minze sowie ein paar anderen Kräutern gefüllt und schmetterlingsartig geformt. Dazu wurde ausgebratener Speck serviert. Noch spannender aber war die Sauce aus Butter-Bröseln und mikroskopisch kleinen Speckpartikeln sowie ein paar Kräutern. Dazu passte der Pinot Grigio 2003 wie ein Handschuh, und ich wollte ihn gar nicht mehr ausziehen.

„Il manzo nelle sue variazioni" hieß der nächste Gang, der aus drei Teilen bestand, von denen zwei restlos überzeugten: Das auf grünen Bohnen servierte Roastbeef war von einer Perfektion, wie sie beglückender nicht sein könnte. Das Stufato (Schmorfleisch) stand in keiner Weise zurück, und beides bewies, dass die Italiener absolute Meister im Schmoren und Braten großer Stücke sind, wenn sie es denn wirklich ernst nehmen. Als Courtoisie an die österreichische Tafelspitztradition war offensichtlich die Siedefleischvariante in Suppe mit fein geschnittenem, knackigem Wurzelwerk gedacht. Allein: Sie scheiterte an der Undurchführbarkeit einer von vielen Köchen geträumten Vision, nämlich der, dass man Siedefleisch auch zartrosa garen könne.

Fazit: Es war zwar zartrosa gegart, doch es war zäh. Dazu servierte man kongenialer Weise den oben schon erwähnten Fraja.

Es folgte der auch im Steirereck notorisch bekannte Grappaspitz, der ausgiebig in Val di Rose, dem hauseigenen Grappa der Villanova, getränkt worden war. Die Villanova zählt nämlich zu den an den Fingern einer Hand abzuzählenden italienischen Betrieben, die sowohl keltern als auch brennen und die die „Licence to burn" auf eine Konzession der Maria Theresia zurückführen. 20.000 Flaschen hauseigener Grappa verlassen alljährlich die Tenuta.

Ganz zum Schluss kam der mir bereits bekannte Gag des Hauses: kleine Schmuckschatullen mit drei Lädchen, die mit hausgemachten Friandisen so ausgiebig gefüllt sind, dass sie, wenn nicht ein paar notorische Naschkatzen unter den Gästen sind, kaum bewältigt werden können.

Il Giardinetto, 34071 Cormons, Via Matteotti 54,
Tel.: 0481-602 57
- - -

„Zur geschmacklichen Einheit"

Wer den Wirtshauswurzeln des alten „Giardinetto" nachtrauert, der muss nicht weit gehen, um in Sachen Osteria-Herrlichkeit auch heute noch aufs Allerfeinste fündig zu werden. Als alles andere denn ein Einheitsbrei präsentiert sich nämlich die Speisenauswahl der Osteria ums Eck – wo man sich in einer alten Schmiede bei Kerzenlicht auf ein friulanisches Essen mit Gnocchi di Rucola, Speck und Räucherricotta, Kutteln, Pferde- und Hirschsteak, Entenbraten oder Stockfisch mit Polenta und einen köstlichen Apfelstrudel in authentischer Atmosphäre freuen darf. In Sachen Weinauswahl treten Pino und Veronica Pecorella mit den berühmten Nachbarn zwar nicht in edlen Wettstreit, doch auch hier wird man mit exzellenten Weinen ausreichend versorgt.

Antica Osteria all' Unione, 34071 Cormons, Via P. Zorutti 14,
Tel.: 0481-609 22
- - -

Josko, der Jäger

Mit dem 1960 eröffneten Wirtshaus „Cacciatore Sirk" auf La Subida hat einst die kulinarische Renaissance der Collio-Küche begonnen, und bis heute hat sich an diesem (leider touristisch schon etwas abgewetzten) kulinarischen Weinberg-Idyll kaum etwas verändert. Die Pasta (z. B. die Cirini mit Zucchiniblüten und Steinpilzen) ist immer noch hausgemacht, der herrliche Prosciutto wird in eine eindrucksvolle Maschine eingespannt und von Hand geschnitten. Die Küche arbeitet einerseits viel mit Gemüse und Pilzen, andererseits auch mit Fleisch. Die Petto di Faraone (Perlhuhnbrust) zählt zu den zartesten von Friaul, die Stinco di Vitello kommt stets frisch aus dem Ofen, und auch die Weinauswahl vom hervorragenden Hauswein „La Subida" bis zu Friauls edelsten Kreszenzen kann sich sehen und trinken lassen. Wer vor lauter Freude an Speis und Trank gar nicht mehr gehen möchte, quartiert sich (so Zimmer frei sind) im benachbarten, aber zum Haus gehörenden Feriendorf mit Schwimmbad, Reitparcours, Tennisplätzen, Kinderspielplatz und Fahrradverleih ein.

Trattoria Al Cacciatore dè la Subida, 34071 Cormons,
Locanda Subida, Via dei Giovi 35, Tel.: 0481-605 31, R: Di, Mi
- - -

Kulinarischer Brückenkopf

Das „Al Ponte" am Isonzo-Ufer ist schon seit mehr als zwei Jahrzehnten ein verlässlicher kulinarischer Stützpunkt inmitten des friulanischen Weinlandes, neben dem sich die Familie Rizzotti vor einigen Jahren auch ein kleines, hübsches Landhotel mit sehr gepflegten Zimmern und Alpen- bzw. Collioblick zugelegt hat. Auch an der Ambiance des Restaurants wird immer wieder gearbeitet, wobei sich darüber streiten lässt, ob es sich in den neueren, eleganteren

Sälen wirklich besser sitzt als in der alten Trattoria-Abteilung. Da wie dort wird eine exzellente Fisch- und Fleischküche gereicht, deren stilistische Bandbreite von Seeteufel mit Kapernblüten über hausgemachte Tagliolini mit Thunfisch-Bottarga bis hin zur Gänsekeule mit Speck reicht. Angeboten werden jeweils ein saisonales, ein vegetarisches und ein fischbetontes Degustationsmenü. Kaum einen Wunsch offen lässt das Weinangebot des Hauses. Und wer von den köstlichen friulanischen Tropfen nicht genug bekommen kann, der schaut tags darauf am besten in der Enoteca di Cormons vorbei, der nach wie vor vielleicht besten Gelegenheit, friulanischen Spitzenweinbau kennen zu lernen und dabei kleine kulinarische Köstlichkeiten wie Bruschetta, Prosciutto und Gubana zu genießen.

Al Ponte, Viale Trieste 122-124 , 34972 Gradisca d´Isonzo, Tel.: 0481-961 116, Fax: 937 95, Info: www.albergoponte.it, R: Mo Abend und Di

- - -

Enoteca di Cormons, 34071 Cormons, Piazza XXIV Maggio 21, Tel.: 0481-630 371, R: Di

- - -

Rosen ohne Garten

Mitten in einem an Baden bei Wien erinnernden Villenviertel am Rande der Görzer Altstadt findet man dieses schmucke Restaurant mit seinem schönen Terrassengarten, das seine Karriere einst als Studentencafé begann und mit seinen Gästen – zum gegenseitigen Vorteil – mitgewachsen ist. Heute ist die Bar vom Restaurant durch eine Schiebetür abgegrenzt. Die Ambiance erweist sich mit ihren in Bordeauxrot gehaltenen Lamperien als schlicht und dennoch stilvoll gestaltet, strahlt aber – nicht zuletzt dank der aus allen Tischvasen

keimenden Flower Power – vor allem unprätentiöses Wohlgefühl aus. Das Publikum reicht vom hintersinnigen „Tipo Triestino" mit Umberto-Eco-Bart über das prickelnde Jules-et-Jim-Triangel am Nebentisch bis hin zur Ikone der allein speisenden alten Gräfin mit Ebner-Eschenbach-Noblesse.

Die Küche Michaela Fabbros dient diesem gastronomischen Individualismus als Bindeglied, ist so delikat wie unaufgeregt und spielt sich, wenn überhaupt, nur durch exzellente Produktqualität in den Vordergrund. Minutiös ausgelöste und sensibel gedämpfte Heuschreckenkrebse, Mazzancolle im knusprigen Tempura-Teig, dezent marinierte jungfräuliche Sardellen (Alici) auf Kartoffelpüree sowie Seezungenfilets mit Ricotta und Orangensauce machten den Anfang. Es folgte ein elastischer Pulpo in einer Sauce von heimtückischer Schärfe, die von den mitgekochten Bohnen und einer stichfesten Polenta allerdings geschmeidig abgefedert wurden. So schlicht wie perfekt gegart präsentierte sich auch das Thunfischsteak vom Holzkohlengrill, das auf einem duftigen Wildkräutersalat serviert wurde. Zuletzt noch eine süße Erinnerung an die Zeit, als Gorizia noch bei „Öst´reich" war: ein Grießkoch mit frischen Feigen.

Der Service zeigt sich mit langen roten Schürzen un petit francais. Piero Loviscek präsentiert viele große friulanische und slowenische Weine und betont dabei vor allem auch die autochthonen Rebsorten. Wer noch niemals einen Lajnarji Bianco getrunken hat, der sollte diesen fruchtig-traubigen Tropfen aus dem Triestiner Weingut Silvano Ferlugas jedenfalls nicht an sich vorüber ziehen lassen. Einen Besuch der Rosen Bar beendet man – keineswegs nur aus Verdauungsgründen – mit einem Spaziergang durch den benachbarten Park zwischen der Via Buonarotti und der Via Canova, der allein schon wegen seines Altbaumbestandes sehenswert ist. In seiner Mitte befindet sich ein Denkmal von seltsam morbidem Reiz. Es handelt sich um einen Tempel im römischen Stil, der während des Ersten Weltkrieges zerstört wurde. Ein „Ruinenbaumeister" hat dem Tempel eine wie ein Zeigefinger himmelwärts ausgestreckte Säule aufgesetzt. Der Rosengarten, der einst der „Rosen Bar" ihren Namen gab, existiert allerdings nicht mehr. Sehenswert in der Nähe ist das alte Castello mit seinen Museen für Archäologie, Mode und Design sowie Kunst- und Stadtgeschichte.

Rosen Bar, 34170 Gorizia, Via Duca d'Aosta 96, Tel.: 0481-522 700, R: So und Mo

– – –

Rosen Bar

Grado

- - - Schätze der Lagune

Erwarten Sie sich, wenn Sie während der Sommersaison nach Grado – in das alte Seebad der Monarchie und Westentaschen-Venedig – kommen, zunächst bitte nichts Besonderes. Die Speisekarten der Restaurants gleichen wie ein Ei dem anderen. Überall gibt es überbackene Jakobsmuscheln, Spaghetti und Risotto mit Meeresfrüchten sowie Seezunge á la griglia. Auch einen Meerspinnensalat findet man allenthalben. Ob es sich tatsächlich um eine Meerspinne oder nur um ein billiges Surrogat aus japanischen Surimi handelt, weiß man erst, wenn das Gericht serviert wird. Aber das Match um die reine Lehre der uralten Gradeser Fischerküche wird sowieso nicht „á la carte" gespielt, und die Güte eines Restaurants erkennt man nicht daran, was auf der Karte steht, sondern daran, was nicht darauf steht. Eines haben nämlich alle Gradeser Köchinnen und Köche gemeinsam: Sie wollen gefordert sein.

Die Straße der Patriarchen:
Über Aquileia nach Grado

Von Tartuffi di mare, Meerspinnensalat, Aalroulade, Boreto gradese & Co.

Das höchste Laster

Da sitzt man vor einer eindrucksvollen Bücherwand. Nicht irgendwelche Bücher, sondern alle schön in Leder gebunden, und durchwegs älteren Datums. Man beginnt zu schmökern, wirft einen Blick in die „Abenteuer des Fliegers von Tsingtau" und stößt dann auf einen Band, der den einladenden deutschen Titel „Das höchste Laster" trägt. Nein – darin geht es um anderes als um Feinschmeckerei, doch die Lektüre steigert den Appetit nicht weniger als jene einer Speisekarte. Auch die übrige Ambiance steigert das Verlangen. Das neben einem kleinen See gelegene Land- und Weingut östlich von Cervignano, das ich gerade betreten habe, könnte nach Art und Dimension (25 Hektar) einer der schönen großen Höfe in der Toskana sein. Es erinnert auch an ein Kutschenmuseum oder an eine Sammlung alter Röhrenradios. (Beides ist es in gewisser Hinsicht auch. Volkskundler kommen jedenfalls voll auf ihre Rechnung, und wer wie ich bis dato noch nicht wusste, dass ein Altran eine Derbykutsche ist, der erfährt es spätestens hier.)

Padrone Guido Lanzellotti, ein Quereinsteiger aus der Wirtschaft und ein weltläufiger Grandseigneur der Somerset-Maugham-Klasse, erweist sich als charmanter Plauderer, ein souveräner Gondoliere durch die vielen Kanäle der friulanisch-venezianischen Weinwelt (das Wort Sommelier wäre in diesem Fall eine glatte Untertreibung), der ganz nebenbei die Köstlichkeiten empfiehlt, die sein „Schützling", der

Azienda Agricola Altran

junge Michelin-Starkoch Alessio Devidé (der sich aufgrund angeborener Schüchternheit oder Diskretion nicht aus der Küche hervorwagt) so nach und nach serviert. Daraus ergibt sich im Laufe des Abends ein äußerst wohlgefälliges Bauwerk aus Geschmäckern und Aromen, das von Einfallsreichtum gleichermaßen kündet wie von Traditionsbewusstsein, von souveräner Beherrschung des Handwerks ebenso wie von schmeckbarer Liebe zum Beruf.

Unser Menü begann mit einer „friulanischen Frühlingsrolle" von der Ente, setzte sich mit einer grünen Kalbszunge mit Sojasauce und roten Rüben fort, mündete schließlich in eine Kürbissuppe mit Hühnerherzen und einem (kein Druckfehler) samt Sugo am Spieß servierten Tagliatelle-Auflauf. Es folgten ein perfekt gebratenes Spanferkel mit feinen Gemüsen, eine superbes Risotto und zuletzt ein gebackener Pfirsichstrudel auf Marillensauce mit Mandeleis. Jedes Gericht für sich genommen ziseliert und monoman, alle miteinander sich jedoch zu einem harmonischen Ganzen fügend. Das ist große Küche, wie man sie selten findet. Mein Tipp: Hingehen, kosten, ansehen. (Ist allerdings gar nicht so leicht. Denn wer den Schleichweg, der bei Fiumicello von der Strada Statale von Latisana nach Triest in Richtung Cortona di Ruda abzweigt, nicht gleich findet, der fährt lange, bis er am Ziel ist.)

Azienda Agricola Altran, 33050 Ruda, Località Cortona 19, Tel.: 0431-962 30, R: Mo, Di

– – –

Die Fische von Aquileia

Am Rande der Gradeser Lagunenlandschaft, unmittelbar an der Straße von Aquileia nach Triest, liegt das schmucke Häuschen der Familie Aizza, in dem allerlei Meeresgetier (Tagliatelle mit Schwertfischragout, Ravioli di Fasolari) sowie ganze Fische (Zahnbrasse in der Salzkruste) in unterschiedlichsten Variationen zubereitet werden.

Wüsste man nicht um seine Lage, möchte man fast meinen, das schmucke Häuschen mit dem Giebeldach gehöre irgendwo in die Bergwelt Südtirols oder des Veneto. Spätestens beim Eintreten weiß man jedoch, dass die Lagune hier gar nicht weit sein kann, denn es duftet nach allerlei Meeresgetier. Das Tris von Meeresfischen umfasst wohlfeile 15.000 l Meerspinnen-Gnocchi, Fasolarimuschel-Ravioli und Tagliatelle mit Meeresfrüchten. Fische unterschiedlicher Fang- und Bauart werden ganz comme-il-faut in der Salzkruste oder auf dem Grill zubereitet. In fast bäuerlichem Ambiente mit bunten Tischtüchern und eher raffinessenloser Glaskultur gibt es so ziemlich alles, was die Adria (oder die anliegenden Fischmärkte) zu geben bereit sind. Die, die es dankbar entgegennehmen, sind – selbst zu touristischen Spitzenzeiten – vorwiegend Italiener. Jene, die in Aquileia nur einen kurzen Zwischenstopp machen, kommen hier nicht vorbei. Der Vorgarten war am Tage unseres Besuchs trotz Schatten zu heiß, und die scheinbare Kühle im Inneren des Lokals hielt auch nicht all zu lange an. Doch die paar Schweißperlen nimmt man gerne in Kauf: Die Padrona ist ohne jedes falsche Süßholzraspeln amabile, wenngleich nicht ohne Durchsetzungskraft, der Service aufmerksam; und die Weinauswahl reicht von einigen äußerst günstig kalkulierten lokalen Produzenten bis zu (auch nicht wirklich hoch ausgepreisten) Gütern wie Villa Russiz oder Wanda Gradnik.

La Colombara, 33051 Aquileia, Via S. Zilli 42, Tel.: 0431-915 13, R: Mo

- - -

Das Fest des Patriarchen

Das Hotel zum Patriarchen ist uralt, und wer hier wohnt, hat seine Fenster direkt mit Blick auf eine der ältesten Kathedralen Europas. Das Hotel wurde erst unlängst renoviert, verfügt über eine recht atmosphärische kleine Bar, in der sich sichtlich auch die Einheimischen wohl fühlen, und über einen großzügigen, luftigen Speisesaal. Der Ober spricht sehr gut deutsch und erzählt von Jakobsmuschelschwärmen, denen er unter Wasser begegnet sei und die sich schnappend und mit den Ober- und Unterseiten der Muschel klappernd vorwärts bewegt hätten wie eine Endmuräne. Außerdem beklagt er, wie ich auch, das Aussterben der kleinen Venusmuscheln zugunsten der überall eingesetzten (viel größeren) Vongole Verace. Auch die portugiesischen Felsenaustern, meint er, gehören eigentlich nicht hierher. Er gebietet über einen neu eingerichteten Weinkeller und weiß viele Geschichten zu erzählen, die allesamt sehr gut zu den Capesante à la griglia, dem Hummer à la Busara mit Spaghetti und anderen Meeresgerichten passen. Dazu empfiehlt er gute Weine aus Aquileia, die, wie alles andere hier (übrigens auch die schönen Zimmer), gar nicht teuer sind.

Ristorante Fonzari im Hotel Patriarchi, 33051 Aquileia, Via Augusta 12, Tel.: 0431-919 595, R: Mi

- - -

Grado: Die verborgenen Schätze der Lagune

Erwarten Sie sich, wenn Sie während der Sommersaison nach Grado – in das alte Seebad der Monarchie und Westentaschen-Venedig – kommen, zunächst bitte nichts Besonderes. Die Speisekarten der Restaurants gleichen wie ein Ei dem anderen. Überall gibt es überbackene Jakobsmuscheln, Spaghetti und Risotto mit Meeresfrüchten sowie Seezunge á la

Markthalle in Grado

Hafen in Grado

Im Hafen von Grado

griglia. Auch einen Meerspinnensalat (Granzevola) findet man allenthalben. Ob es sich tatsächlich um eine Meerspinne oder nur um ein billiges Surrogat aus japanischen Surimi handelt, weiß man erst, wenn das Gericht serviert wird. (Oder man hält sich an die Faustregel, dass eine Granzevola niemals weniger als 12 bis 14 Euro kosten kann; sie ist nämlich nicht nur selten, sondern es ist auch eine Heidenarbeit, sie auszulösen.) Aber das Match um die reine Lehre der uralten Gradeser Fischerküche wird sowieso nicht „á la carte" gespielt, und die Güte eines Restaurant erkennt man nicht daran, was auf der Karte steht, sondern daran, was nicht darauf steht. Eines haben nämlich alle Gradeser Köchinnen und Köche gemeinsam: Sie wollen gefordert sein.

Ein typisches Beispiel dafür ist das „Da Ovidio" der Familie Boemo, eine schon in vierter Generation geführte ehemalige Pizzeria, die sich auf Fisch spezialisiert hat. Man sollte in jedem Fall fragen, welcher Fisch heute besonders empfehlenswert ist. Fast immer vortrefflich sind die gratinierten Jakobsmuscheln und – so man dieses wirklich einfache Fischergericht mit fast schwarz geröstetem Knoblauch mag – der Boreto gradese mit Polenta.

Wer sich bei Signore Boemo möglichst schon ein, zwei Tage im Voraus als „Afficionado" zu erkennen gibt, hat hier gute Chancen, je nach Marktlage auch an Raritäten wie eine Aguglia (Hornhecht) oder einen Corbelo (Meerrabe) zu kommen, einen der besten Mittelmeerfische, der alle Vorzüge von Branzino und Orate in sich vereint. Wenn man Glück hat, bekommt man auch „Granciporro", einen gut gepanzerten Taschenkrebs mitsamt Schnitzelklopfer, Schneidbrett und Bavette „à la busara" von dezenter Schärfe serviert. Oder aber einen Boreto – den essig- und knoblauchträchtigen Gradeser Fischereintopf von Steinbutt, Heuschreckenkrebsen, Cala-

maretti oder was sonst gerade Saison hat. Dazu gibt es eine kleine Auswahl anständiger und nicht überteuerter Bouteillen-Weine. Zum guten Schluss lohnt es sich auch, mit einem „Sgroppino" zu sündigen (Zitroneneis mit Prosecco, das hier gleich nach der Bestellung frisch aufgeschlagen wird.) Am Abend ist das Lokal zur Saison meist rammelvoll, die Stimmung gut, dafür aber etwas hektisch. Besser geht man mittags hin.

Das trifft auch auf die „Agli Artisti" zu, ein Restaurant an einer winzigen Piazza unter einer schattige Laube im alten Castrum, die so dicht mit Weinranken bewachsen ist, dass man darunter sogar vor einem Seegewitter mittlerer Stärke Zuflucht nehmen kann. So sind diese „Künstler" also um die Mittagszeit ein heißer, oder besser gesagt kühler Tipp, da es sich hier sicherlich um einen der schattigsten und ruhigsten Plätze von Grado handelt. Am Abend hingegen wird alles ein wenig hektischer, und die Kellnerinnen – je nach Lust und Laune von kaum zu überbietender Liebenswürdigkeit oder auch nicht – lassen ihren Charme dann stressbedingt etwas weniger spielen.

Auch die Küche scheint mittags mit etwas mehr Liebe und Sorgfalt bei der Sache zu sein als am Abend, wo – vor allem an Wochenenden – alles im „freien Fall" funktionieren muss. Ein Granceolasalat ist hier jedenfalls noch allemal ein Seespinnensalat und kein Surimi-Surrogat. Die Seppie werden herzhaft gegrillt, die zahlreichen Fisch-Paste unter Zuhilfenahme von ausreichend Fischfond fertig gestellt.

Fischig geht es auch in der „Trattoria alla Borsa" zu. Die alte Hafenkneipe zählt zu den ältesten Lokalen von Grado. Mittlerweile hat man sich im Zuge einer umfassenden Renovierung sogar von den paar vergilbten Plattenfotos an den Holzwänden getrennt, und die alte „Borsa" gehört nun wohl ebenso der Ver-

Grado

gangenheit an wie das gegenüberliegende legendäre Kinderspital „Ospizio marino", wo im vorigen Jahrhundert erstmals die heilende Wirkung der Adrialuft auf lungenkranke Kinder mit Erfolg erprobt wurde. Das Ospizio ist mittlerweile ebenso verfallen wie das nahe Castelletto an der Ufermole, in dem Luigi Prandello mit Meeresblick einige seiner schönsten Dramen schrieb. Doch die Borsa ist inmitten dieser schon etwas brüchigen, windschiefen und morbiden Idylle hier an der Außenmauer des römischen Castrums fast so etwas wie ein In-Lokal mit Air-Condition, Designer-Leuchten und schickem Publikum geworden. Von früher geblieben ist indessen der zunächst etwas unzugängliche Charme des Services (der sich dem Fremdling erst allmählich und nach einigen aufeinander folgenden Besuchen erschließt) sowie der vorzügliche, wenngleich etwas ruppige Sauvignon della Casa, wobei verwöhnte Gaumen jedoch auf Marco Felluga ausweichen können. Nicht alles, was auf der Karte steht, ist vorrätig, die besten Sachen – etwa Pfahlmuscheln oder Scarpene (Drachenkopf) muss man ein, zwei Tage vorbestellen, was sich jedoch lohnt. Im Übrigen wird hier das, was die Fischer Nacht für Nacht aus den niedrigen Lagunenwassern nach Hause bringen, auf ebenso simple wie vorbildliche Weise zubereitet. Der Reichtum an (kleinen) Jakobs- und Venusmuscheln oder Meeresspinnen scheint hier kaum jemals zu versiegen.

Die „Borsa" ist nur eines und keineswegs das bekannteste von vielen Fischlokalen in Grado, die interessanterweise allesamt nicht direkt am Meer liegen. Wer sich an Fischen und Krustentieren mit Meeresblick delektieren will, der muss schon einen kleinen Ausflug über die Dächer von Grado machen. Im siebenten Stock des Grand-Hotels Astoria befindet sich nämlich ein schmuckes Dachrestaurant, das sich nicht ganz zu Unrecht „Settimo Cielo" nennt und damit auch eine Klammer zum teuren Nobel- und Prominentenstrand an der Gradeser Spiagga herstellt. In dem kleinen Raum, aus dessen Fenstern man über den Dach-Pool hinweg den sicherlich schönsten Rundblick über die Lagunen von Grado und Marano genießen kann, herrschen südländische Distinktion und eine fast aristokratische Noblesse. Am Horizont erblickt man an guten Tagen oder in klaren Nächten die wie ein Spielzeug wirkende Skyline von Lignano. Dazwischen erstreckt sich ein grün-grauer Fleckerlteppich von knietiefen, mit bizarren Holzpfählen gesäumten Lagunenkanälen und scheinbar nur handtellergroßen, mit Akazien und Ulmen bewachsenen Barreninseln, darunter auch jene, die die über ein Jahrtausend alte Inselwallfahrtskirche von Barbano trägt. Wer ein Freund von Bilderbuch-reifen Sonnenuntergängen ist, der sollte das „Settimo Cielo" alleine schon deshalb in den späteren Abendstunden aufsuchen. Dass die kleine Speisekarte zunächst ein wenig schlicht erscheint, soll nicht täuschen, denn die Küche ist ganz eindeutig bemüht, wesentlich mehr als Gradeser Durchschnitt zu bieten, und sie tut dies, im Vergleich zu manchem Touristenlokal, zu durchaus angemessenen Preisen und – unter der Leitung des meisterlichen Astoria-Maître Serafini – bei exquisitem Service.

Gleich hinter dem Astoria befindet sich das eigentliche Restaurantviertel des Meereskurortes inmitten der im wahrsten Sinn des Wortes steinalten Häuser des Gradeser Castrums, das in seinen Grundfesten noch auf das neunte und zehnte Jahrhundert zurückweist. Am Rande des Castrums befindet sich die „Taverna alla Fortuna da Nico", lange Zeit mit Recht das berühmteste Restaurant Grados und auch heute noch eines der erklärten Lieblingsrestaurants des verstorbenen italienischen Gourmetpapstes Luigi Veronelli. Doch die alten Zeiten, in denen Nico

Mazzolini – bevor ihn ein persönlicher Schicksalsschlag traf – noch einer der engagiertesten Fischbrutzler der Adria war, sind vorbei. Mittlerweile läuft ununterbrochen der Fernseher, und man muss den Padrone (nach wie vor eine souveräne, starke Persönlichkeit mit einem nicht minder Ehrfurcht heischenden Kellner namens Gino) schon einigermaßen motivieren, um wirklich gut zu essen. Am besten, man bestellt ein, zwei Tage im Voraus ein Spezialmenü. Das kann klappen, sonst herrscht mittlerweile leider auch hier touristische Beliebigkeit. In den Regalen stehen aber immer noch gute Weine.

Ganz anders bei „De Toni", der zu den aufstrebenden Restaurants von Grado zählt. Die kleine Trattoria in der äußeren, dem Meer zugewandten Häuserfront des mittelalterlichen Castrums wird von Toni, dem Meistersommelier, geführt. Die Tartufi di mare sind zu unserem Leidwesen schon aus, also lassen wir uns Muscioli empfehlen, seltsame Gebilde aus paläozoischer Zeit, die in heißem Sud serviert und durch Entfernen einer kleinen Manschette geöffnet werden, die wiederum einen kleinen Schlitz ausspart, durch den man mit dem Messer eindringen und die Muscheln herausnehmen kann. Es folgen ein paar hübsche, nicht zu groß dimensionierte Fisch-Antipasti, eine gegrillte Jakobsmuschel, etwas Meerspinnensalat sowie ein Branzino mit Rucola und Kartoffeln. Und wenn man nachhaltig genug keinen Grappa bestellt, bekommt man vielleicht einen „Selbstangesetzten" mit Rosmarin offeriert.

Unweit von „De Toni" findet sich in einem der schönsten Altstadthäuser Grados das „Al Canevon". Der Innenhof erhascht überraschend viel Sonnenlicht, ist dafür in der Sommersaison allerdings oft glutheiß, sodass man gerade um die Mittagszeit froh ist, in das vollklimatisierte Lokal einen Halbstock tiefer übersiedeln zu können. Es liegt unter der für

Taverna all'Androna *Bild oben*
De Toni

die Gradeser Bauweise geradezu unentbehrlichen Haustreppe, ist mitsamt einer kleinen Bar recht gediegen eingerichtet und wohl nicht zuletzt deswegen auch ein klein wenig teurer als die umliegenden Altstadt-Restaurants. Bevor jedoch Neppverdacht auch nur aufkommen kann, wird man bereits durch ausgezeichnete gemischte Muscheln in einem hervorragenden Sud eines Besseren belehrt. Die überbackenen Jakobsmuscheln zählen eher zum oberen, das Fritto Misto ganz simpel zum Gradeser Durchschnitt. Weit über demselben segelte der Scorfano (Drachenkopf) in einer leichten Fischbuttersauce gaumenwärts. Der Service lässt sich, je nach Saison, recht unterschiedlich disponiert erleben.

Vieles davon, was das „Al Canevon" aufgrund seiner Ambiance nur verspricht, hält das „All´ Androna". Seit der Übernahme durch die Familie Tarlao präsentiert sich das atmosphärische Lokal in einer engen, an venezianische Nadelöhre erinnernden Seitengasse bei der Kathedrale wieder als absolute Gradeser Top-Adresse, vermutlich sogar als die gegenwärtig beste Adresse. Im Mittelpunkt steht auch hier die Fischküche, die von Tartuffi di mare über Meerspinnensalat, lauwarm marinierten Hummer, Aalroulade mit Lorbeer, Risotto d'Orzo nero mit Seppiolini, Tagliolini mit Taschenkrebsen und Boreto gradese kaum einen maritimen Wunsch unerfüllt lässt.

Das in einer romantischen Gassenschlucht des alten Castrums gelegene Restaurant mit dem lauschigen Innenhof unter dem mittäglich schützenden Sonnensegel verfügt zudem über die mit Abstand beste Weinkarte der Stadt und ist auch das einzige Etablissement, in welchem man sich getrost ein Menu de degustazione vorbestellen kann.

Zwischen „Da Nico" und „Androna" bestens eingebettet, liegt das „Santa Lucia" in einem Sottoporto gegenüber einer exzellent sortierten Weinbar, direkt an einer „Schleuse" zwischen der Gradeser Neustadt und dem alten Castrum, nur wenige Schritte von der Kathdrale entfernt. Hier wird auf sehr familiäre Weise typische Gradeser Fischküche auf hohem Niveau geboten. Allein das hausgemachte Brot ist eine Spezialität für sich. Das Tiramisu hat den Ruf, eines der besten in ganz Julisch-Venetien zu sein. Und auf die Fischküche ist ebenso Verlass wie auf einen äußerst liebenswürdigen Service. Wie alle Gradeser Restaurants läuft freilich auch dieses immer dann zu Spitzenqualität auf, wenn sich die Touristen all mählich verziehen und die fischfangfreie Sommerpause wieder vorbei ist.

Eine kleine Entdeckungsreise wert ist auch das Al Campiello „da Tullio", das vom sympathischen Andrea Corbatto geführt wird, der früher als Kellner in den Wiener „3 Husaren" gearbeitet hat und jetzt aus voller Überzeugung die Köstlichkeiten nach Rezepten seines Vaters Tullio empfiehlt, der dem Restaurant auch seinen Namen gab, und jetzt zuweilen sogar wieder kocht. So kann man hier sicher die schönsten Capelunghe (Messermuscheln) und den feinsten Meeresrisotto in Puppenheim-Atmosphäre erleben.

Abenteuerlustige seien schlussendlich noch auf das Alla Marina „da Burela" in Hafennähe verwiesen. Wer die hier servierte Tintenfisch-Lasagne nicht kennt, der kennt die Gradeser Fischküche nicht. Wobei man sich vor der Bestellung allerdings fragen sollte, ob man sie wirklich so ganz genau kennen lernen will. Vielleicht sollte man noch hinzufügen, dass der Dichter und Filmregisseur Pier Paolo Pasolini in einer der zahlreichen „casoni" – den Fischerhütten auf den Laguneninseln – viel Zeit zugebracht hat. Man versteht dann seine Filme und vielleicht auch Grado besser.

Und wer Grado besser verstehen und vielleicht sogar lieben will, der tut gut daran, es in der Nebensaison oder im Winter zu besuchen. Vielleicht bekommt er dann, wenn er etwas Fortüne besitzt, da oder dort sogar einen Teller Molecchie (schalenlose Krebse) serviert.

Da Ovidio, 34073 Grado, Via Marina 36, Tel.: 0431-804 40, R: keiner

– – –

Al Canevon, 34073 Grado, Calle Corbatto 11, Tel.: 0431-816 62, R: Mi

– – –

Al Campiello „Da Tullio", 34073 Grado , Piazza Duca d´Aosta 19, Tel.: 0431-852 49, R: auf Anfrage

– – –

Trattoria Alla Borsa, 34073 Grado, Via Conte di Grado 1, Tel.: 0431-801 26

– – –

Agli Artisti, 34073 Grado Centro Storico-Campiello Porta Grande 2, Tel.: 0431-830 81, R: Di

– – –

De Toni, 34073 Grado, Via Duca d'Aosta, Tel.: 0431-801 04

– – –

Taverna all'Androna, 34073 Grado, Calle Porta Piccola 4, R: Di (außer im Sommer)

– – –

Locanda alla Fortuna da Nico, 34073 Grado, Via Marina 10, Tel.: 0431-8047 0, R: Do (nur im Winter)

– – –

Settimo Cielo im Hotel Astoria, 34073 Grado, Località San Grisogono 2, Tel.: 0431-835 50, R: keiner, jedoch nur in der Sommersaison geöffnet

– – –

Trattoria Santa Lucia, 34073 Grado (GO), Campo Porta Nuovo 1, Tel.: 0431-85 639

– – –

... und noch ein paar zusätzliche Grado-Tipps

Einen Abstecher wert ist in jedem Fall das Landgut **„Alle buone Vite"** (Località Boscat, Tel.: 0431-880 90) mit angeschlossenem Restaurant. Es liegt schon am Festland, also wenn man von Grado kommt, gleich am Beginn der langen Straße nach Aquileia rechts. Die Bauernhof-Struktur ist dank frei herumlaufender Enten, allerlei Vögeln und einem eigenen Weindepot deutlich erkennbar. Man sitzt direkt unter einem dichten Dach aus Weinlaub im Freien und isst ganz hervorragend. Im Kalter warten lebende Hummer auf klassische Zubereitung, stets gibt es auch gemischte Muscheln, gratinierte Jakobsmuscheln, Scampi, Goulash d´oca (Gänsegulasch) und gute Mehlspeisen. Als Grado-Urlauber fährt man am besten mit dem Taxi her und lässt sich auch wieder abholen.

- - -

In der Galleria Esplanade 5 findet man in unmittelbarer Strandnähe unter dem unauffälligen Titel **„Spaghetti d´Italia"** ein wahres Schlaraffenland von Würsten, Schinken, Käsesorten, Salami, Weinen und Spezereien.

- - -

Die – mittlerweile völlig renovierten – **Vini pregiati** an der Viale Europa 54 sind zwar nicht Grados exklusivste, aber dafür die liebenswerteste Adresse, um Friauls beste Weine kennen zu lernen.

- - -

Wer die Gelegenheit hat, sollte unbedingt die 10 Uhr-Messe am Sonntag in der **Kathedrale S. Eufemia** besuchen. Der hiesige Männerchor würde zwar Simon Rattle keine Freude machen, singt aber dafür mit solcher Inbrunst und Freude alte Fischerchöre und oft auch ganze Hochämter, dass dafür Empfängliche oft zu Tränen gerührt sind. Empfehlenswert ist es, entweder schon sehr früh zu kommen – die Kirche ist bis auf den letzten Platz gefüllt – oder hinten in der Nähe der Türe stehen zu bleiben. Da weht dann auch an heißen Tagen hin und wieder ein Lüftchen.

- - -

Nach der Messe (und nicht nur da) empfiehlt sich ein kühles Bier oder ein anderer Drink in der **„Ai Patriarchi"**-Bar. Das ist ein winziges Lokal, halb Café, halb Osteria. Man geht aus der Kirche hinaus, dann links auf den großen Kirchplatz mit den Pinien, bevor man – ich glaube – in die erste Seitengasse (bei dem Bildergeschäft) rechts hinein biegt. Da sieht man einen großen weißen Sonnenschirm und weiße Sessel, um die nach der Messe ein echtes G´riss ist. Dort sitzen bunt gemischt Einheimische, die ihren Pinot bianco trinken, und Urlauber. Hier gibt es immer was zum Schauen. Es ist wie aus einem Bühnenbild. Eigentlich nicht viel los (das Gegenteil vom Corso), aber da schiebt einer sein Moped vorbei, dann kommen alte Frauen mit Körben und Taschen voller Gemüse etc. Einfach eine Idylle – wenn man den Blick dafür hat. Es gibt auch feine Kleinigkeiten, wie gemischten Toast oder herrliche Gamberini-Tramezzini. Wenn man etwas Alkoholisches trinkt, bekommt man meist auch Knabbergebäck dazu. Der Wirt und sein Sohn sind freundlich, aber zurückhaltend. Wir haben es nach 5 Jahren geschafft, dass er uns mit Handschlag begrüßt. Man kennt uns dort aber nicht mit Namen.

- - -

Kleinigkeiten kann man auch in der Osteria **„Al Cjal"** an der Rückseite des Astoria-Gebäudes essen. Wenn man vor dem Astoria steht, geht es nach links an der

Hotelgarage vorbei und dann sieht man es schon. Eine nette Osteria mit Klimaanlage (!), gutem Wein und Prosciutto, Käse etc. Dort kann man auch problemlos uno per due bestellen.

- - -

„Da Mimi", eine bis vor wenigen Jahren nur absoluten Insidern bekannte, schummrige Bar neben dem Fischmarkt am alten Hafen, ist „stadtfein" geworden und mitsamt der Belegschaft in die Via Duca d´Aosta in unmittelbare Nachbarschaft der schönen alten Markthalle übersiedelt. Dort führt man jetzt unter demselben Namen eine gleichermaßen empfehlenswerte, aber längst nicht mehr so schummrige Osteria.

- - -

Ein besonders empfehlenswertes Wasser- oder besser Weinloch ist die Bar „Al Goto" im alten Castrum, gleich in der Nähe der „Borsa". Wer sie nicht sofort findet, muss ein wenig wandern. Doch das ist in dieser verzauberten Altstadt ohnedies stets ein Gewinn und führt meistens zu einer Ombretta, dem venezianischen „Gläschen Wein".

- - -

Eine Schifffahrt nach **Porto Buso** lohnt sich in mehrfacher Hinsicht. Da fährt man gegen 10 Uhr weg und durchquert die ganze Lagune, vorbei an den berühmten „casoni". Das sind Schilfhütten auf winzigen Inseln, in denen früher die Fischer lebten. Heute gehören viele davon reichen Promis. Eine davon war übrigens auch Kulisse für Pasolinis „Medea"-Verfilmung. Die Fahrt dauert etwa 1 Stunde und 15 Minuten und eröffnet intime Einblicke in Fauna und Flora der Lagune sowie in das Leben der (wenigen) Casoni-Bewohner. Schließlich landet man auf der Insel Anfora, die früher offensichtlich ein Militär-

Alle buone Vite *Bild oben*
Ai Patriarchi

lager war. Die Hauptattraktion dieses ansonsten praktisch unbewohnten Eilands ist freilich das „örtliche" Wirtshaus. **Ai Ciodi** („Zu den Nägeln", Tel.: 0337-534 764; 0338-956 8142; 567 9822; von Ostern bis Mitte Oktober geöffnet) heißt es. Man sitzt an großen, ganz simpel gedeckten Holztischen unter schattigen Bäumen. Daneben wird in einer offenen Baracke am Grill gebrutzelt, was zuvor aus der Lagune gefischt wurde. Das sind beispielsweise kleine Seezungen, Tintenfische, Dornhaie oder allerlei anderes Meeresgetier. Pasta gibt es auch, aber die Auswahl ist nicht groß. Man isst einfach das, was die Wirtin vorschlägt. Dazu schlürft man offenen Wein aus der Karaffe und genießt das selbst gebackene Brot sowie die ausgezeichneten Mehlspeisen. Einfach eine Idylle. (Für Ladies: eine Idylle mit Abtritt). Punkt 15 Uhr kommt das Schiff, spuckt neue Gäste aus, die am frühen Abend wieder abgeholt werden, und nimmt all jene mit, die nicht mit eigener Luxusjacht angereist sind – und das sind auch nicht wenige.

- - -

Die zweite Ausflugsmöglichkeit ist ebenfalls eine Schifffahrt, diesmal nach **Barbana**. Das ist jene Insel, die man bereits bei der Anfahrt von der langen Verbindungsstraße zwischen Grado und dem Festland auf der linken Seite sehen kann. Auf der Insel steht eine sehr schöne Marien-Wallfahrtskirche. Dort gibt es auch Souvenirläden und ein Restaurant, das allerdings mehr der Pilgerverköstigung als dem Genuss dient.

- - -

Golf-Gourmets finden in unmittelbarer Golfplatznähe im Holiday and Sport Club Tenuta Primero ein Restaurant namens **„Al Casone"** mit ausgezeichneter Fischküche vor. (34073 Grado (GO), Via Monfalcone 14; Tel.: 0431-896 900).

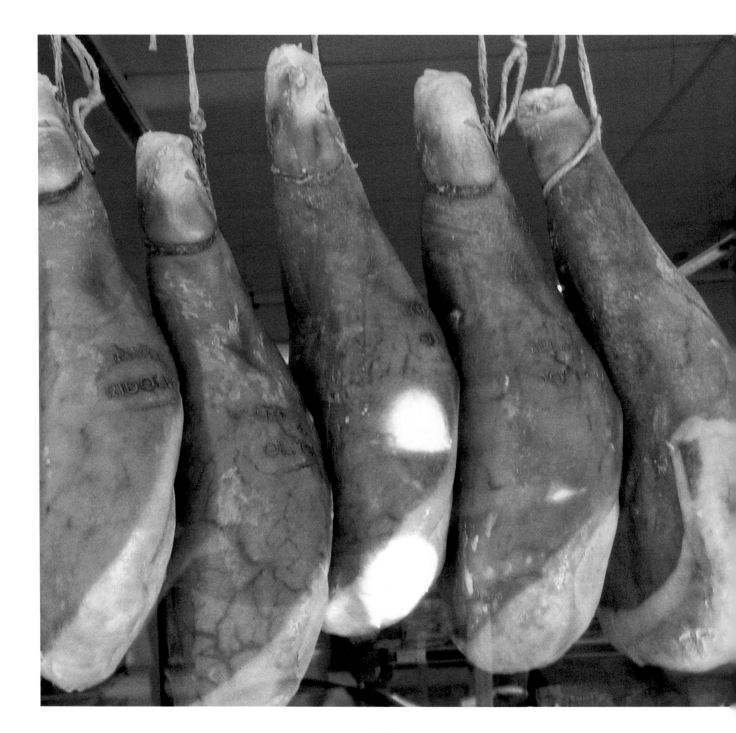

Der Karst

- - - im Hinterland von Triest

Der Karst hat eine spezielle, unverwechselbare Küche, die sich aus dem Meer ebenso speist wie aus den kargen Weiden und Kräutergärten des Hinterlandes und die im Großen und Ganzen mit der Triestiner Küche identisch ist, von der später noch ausführlicher die Rede sein wird. Wenn man in der slowenisch-italienischen Karstküche nicht wirklich sattelfest ist, sollte man die Entscheidung zwischen Gerichten wie Selinka, Bleki, Orzotto oder Ghibaniza lieber nicht selbst treffen, sondern dem Patron überlassen.

Durch den Karst nach Triest

Mit einem Abstecher in Rilkes Bucht

Der italienische Karst umschließt etwas salopp zusammengefasst, das Gebiet, in dem die Erde annähernd so ziegelrot ist wie der Terrano, die wichtigste autochthone Rebsorte dieser Region. Er beginnt bei Monfalcone und zieht sich über das Hinterland rund um den Großraum Triest – entlang der steil abfallenden Meeresküste bei Duino, Sistiana und Santa Croce bis nach San Dorligo und Muggia.

Der Karst hat eine spezielle, unverwechselbare Küche, die sich aus dem Meer ebenso speist wie aus den kargen Weiden und Kräutergärten des Hinterlandes und die im Großen und Ganzen mit der Triestiner Küche identisch ist, von der später noch ausführlicher die Rede sein wird.

Monfalcone – das Mestre von Grado

Wer auf dem Weg nach Triest an den überdimensionalen Kränen, weitläufigen Werften, den Schloten und Hafengebäuden Monfalcones vorbeikommt, fühlt sich unwillkürlich an Mestre erinnert, das zu Bella Venezia in einer ähnlich dialektischen Spannung steht wie die Industriestadt Monfalcone zur lieblichen Badeinsel Grado. Da die guten Geschäfte abseits des Massentourismus jedoch nicht in Venedig und Grado, sondern in Mestre und Monfalcone gemacht werden, findet man in dieser aufs erste eher unwirtlichen Gegend überraschend gute Restaurants.

Eines davon ist das „Ai Castellieri", dessen etwas martialischer Name in etwa „Zu den Wehrdörfern" bedeutet. Es liegt auch tatsächlich zwei Kilometer außerhalb in nordwestlicher Richtung der ehemaligen Festungsstadt Monfalcone im Vorort Zochet.

Dass das Meer wenn schon nicht in Sicht-, so doch in Reich- bzw. Riechweite liegt, lässt sich hier kaum erahnen. Denn es ist eine echte „karstige" Bergküche, die Padrone Mirko Zaganelli seinen Gästen offeriert. Sie basiert auf recht archaischen Gerichten wie Pferdewurst und Schneckensuppe, arbeitet viel mit frischen Kräutern und geräuchertem Ricotta, aber auch mit Entenbraten, Schweins- und Lammkoteletts sowie teils recht spannenden Desserts vom Pfefferminz-Lakritzeneis bis zum lauwarm servierten Walnusskuchen. Der Hauswein ist sehr gut. Wer jedoch mehr als das will, wird auf der „friaultypischen" Weinkarte fündig. Das maritime – und elegantere – Gegenstück zu dieser Trattoria ist das Restaurant „Ai Campi di Marcello" im Panzanoviertel von Monfalcone. Hier gibt es wunderbare Meeresgerichte, die sehr einfallsreich – etwa Heuschreckenkrebsen mit Spargel – oder aber ganz klassisch (Spaghetti in der Folie, Branzino in der Salzkruste) zubereitet werden.

Ai Castellieri, 34074 Monfalcone, Località Zochet, Via dei Castellieri 7, Tel.: 0481-475 272, R: Di, Mi

– – –

Ai Campi di Marcello, 34074 Monfalcone, Zona Panzano, Via Napoli 7, Tel.: 0481-481 937; R: Mo

– – –

Eine Gostilna an der Grenze

Es ist schon eine Weile her, dass mich Stanislao Radikon, einer meiner friulanischen Lieblingswinzer, auf die Frage nach seinem Lieblingsgasthaus mit einer hurtig hingekritzelten Skizze in den tiefsten Karst geschickt hat. Hat man sich anfangs sicherlich gleich mehrmals verfahren, taucht die weit über 100 Jahre alte Gostilna (slowenisch für Trattoria), wie von Zauberhand in ein eher einsames Ambiente gestellt, plötzlich auf. Von außen ähnelt sie der Schmuggler-

schenke aus Carmen, allerdings mit Kinderspielplatz. Drinnen hat man jedoch – unter Erhaltung des Gostilna-Charmes – aus einem alten Grenzwirtshaus ein Restaurant mit begehbarem Weinkeller und schöner Tischkultur gemacht. Wenn man in der slowenisch-italienischen Karstküche nicht wirklich sattelfest ist, sollte man die Entscheidung zwischen Gerichten wie Selinka, Bleki, Orzotto oder Ghibaniza lieber nicht selbst treffen, sondern Patron Agostino überlassen. Mama Michaela Devetak und Ehefrau Gabriella zaubern dann ein mehrgängiges Menü von subtiler Würzigkeit auf den Tisch, zu dem Agostino die herrlichsten Weine der Region kredenzt, denen Grappe vom selben Niveau folgen. Doch auch mit Wein und Grappa: Den Rückweg vom Devetak findet man jedenfalls leichter als den Hinweg.

Trattoria-Gostilna Devetak, San Michele del Carso 48, Savogna d´Isonzo (Abzweigung bei Gradisca), Tel.: 0481-882 005, R. Mo und Di

– – –

In Rilkes Bucht

Das malerische Hafenlokal „Alla dama bianca" direkt in der Bucht von Duino, die zu Füßen des berühmten Rilkeweges liegt, bietet neben maritimer Atmosphäre eine ebensolche Küche. Mario und Lorenzo kochen dort mit ihren Spezialitäten alles andere als „elegisch" auf: Krabbensalat mit Jakobsmuscheln und Balsamico, marinierte Sardinen, Risotto mit Fischtinte, Jota aus Wirsing, Kartoffeln, Bohnen und Sauerkraut, Goldbrasse aus dem Ofen mit Mangold, Scampi nach „Buzara"-Art, Würste in Wein oder Lamm mit Waldspargel, Radicchio und Bohnen… Auch die „Strucoli" aus Äpfeln, Nüssen und Mohn hätten den Verfasser der Duineser Elegien mit Sicherheit aufgemuntert. Zum Übernachten gibt

Bucht von Sistiana

es schlichte, aber lauschige Zimmer mit Meerblick. Übrigens: Das benachbarte „Al Cavalluccio" (in dem früher die heutige Dama-Bianca-Mannschaft zugegen war) hat in den letzten Jahren zunehmend aufgeholt. Sie ist eine schlichtere, aber gute Alternative und vor allem dann empfehlenswert, wenn man auf der hübschen Terrasse sitzen und sich an Risotto und Pasta mit Meeresfrüchten erfreuen kann. An Wochenenden sollte man allerdings sowohl die „Dama" als auch das „Cavalluccio" meiden. Da gibt es nämlich mehr verstellte Parkplätze als Meeresfrüchte in der Bucht.

Wer sich zwischen den beiden Fischrestaurants nicht entscheiden kann und auf den Buchtblick verzichtet, ist gut beraten, ins Weinrestaurant „Gaudemus" nach Sistiana auszuweichen, in dem man zwischen zwei Natur-belassenen Beichtstühlen aus dem 19. Jahrhundert dem Sommelier allerlei geheime Obsessionen verraten kann – und durchaus auf Verständnis stoßen wird. Als „Buße" bekommt man aufgebrummt, sich von einer durchaus reizvollen Speisekarte zwischen allerlei Köstlichkeiten wie Shrimps in Colonnataspeck mit knusprigen Artischocken, gedämpftem Tintenfisch auf Basilikumcreme, Meerbarbe mit weißem Spargelpüree und Havanna-Cola-Törtchen mit Rumgallert sowie Schoko-Ingwer-Eis entscheiden zu müssen.

Last but not least lohnt sich von Duino aus auch ein Abstecher nach Prepotto, wo sich´s von der Terrasse der Gostilna Gruden tief ins Land hineinschauen lässt. Der Speisesaal hingegen ist ziemlich schlicht. Zum offenen Terrano alla Casa aus der unetikettierten Bouteille passen hausgemachter Schinken, Pancetta und andere Crudités. Kosten sollte man neben der Jota auch die hausgemachten Crespelle mit einer Füllung aus Radicchio di Treviso und den Stinco di Vitello, so er gerade frisch aus dem Ofen kommt.

Ein Must ist auch das Kaiserfleisch; im Karst versteht man darunter allerdings ein Selchkarree.

Alla dama bianca, 34013 Duino Porto 61/C, Tel.: 040-208 137, R: auf Anfrage
– – –

Al Cavalluccio, 34013 Duino Porto 61/D, Tel.: 040-208 033, R: Di
– – –

Gaudemus Wine Restaurant, 34013 Duino Aurisina, Locanda Sistiana 57, Tel.: 040-299 255, R: So, Mo, sonst nur abends geöffnet
– – –

Trattoria Gostilna Gruden, 34013 Duino Aurisina Prepotto, San Pelagio 49, Tel.: 040-200 151
– – –

Von Rotkehlchen und Rotbarben

Nicht nur wer Veit Heinichen gelesen hat, kehrt gerne in dieser Meerestrattoria auf halber Strecke zwischen Miramare und Monfalcone ein. Der im Zeichen des Rotkehlchens (pettirosso) aufkochende Patron, Emiliano, beherrscht sowohl die regionale Fisch- als auch die Fleischküche und ist obendrein ein Meister friulanischer Desserts. Frau Aida, die aus Slowenien stammende und sehr gut Deutsch parlierende Perle des Hauses, empfiehlt, was gerade frisch ist: z. B. Muscioli, wie es sie selbst an diesen begünstigten Karstklippen nur höchst selten gibt. Die kalten Vorspeisen sind mit Octopuscarpaccio sowie allerlei Sarde und Polpi ebenso appetitanregend wie die gratinierten Messer- und Jakobsmuscheln oder der köstliche Brodetto, die klassische Suppe aus Meeresfrüchten, die zuweilen sogar mit ein paar kleine Rotbarben angereichert ist. Im Sommer rauscht hier das Meer, und im Winter hört man dem Wachs beim Tropfen vom Kerzenleuchter zu, während man dem hausgemachten Wacholdergrappa oder den eingelegten Grappa-Zwetschken zuspricht.

Osteria Il Pettirosso, Santa Croce 16; Tel.: 0402-206 19, R: Do

– – –

Avancen mit Fayencen

Mitten im Karst, ein paar Kilometer entfernt von einem versteckten Dolinensee, befindet sich der winzige Flecken Marcottini, der aus nicht viel mehr als einer Osteria besteht. Genauer gesagt einer Gostilna, denn wir befinden uns hier bereits im slowenischsprachigen Teil Friauls. Das Lokal zählt zu jener sympathischen Spezies, in welcher der Gast von einer regelrechten Großfamilie bekocht und verwöhnt wird und jeder das macht, was er am besten kann, wobei Mama Floriana und Schwiegertochter Rosanna für die Küche zuständig sind. Der kleine Nutzgarten hinter dem Haus lässt mit Recht auf Natur-belassene Produkte schließen. Die Küche ist mit gefüllten Blätterteigtäschchen, Kräuterpalatschinken, Rollgerste mit eingelegten weißen Rüben, der deftigen Jota-Suppe, Kürbisgnocchi, Wildragout und „goulasch" mit Polenta sowohl den Traditionen der italienischen Bergküche als auch der slowenischen Bauernküche verpflichtet. Die gemütliche Gaststube ist mit allerlei Fayencen ausgestattet, doch solange das Klima es zulässt, speist man ohnedies auf der Terrasse mit Blick auf das – hier allerdings ziemlich flache – Karstgebirge. Die Weine stammen ausschließlich von kleinen Weingütern aus der unmittelbaren Umgebung, und hier ist wohl auch der rechte Ort, um ein Fläschchen Terrano, den ebenso autochthonen wie eigenwilligen Rotwein der Region, zu öffnen.

Gostilna Branco Peric, Doberdó del Lago, Friaul, Ortsteil Marcottini, Via Preseren 10, Tel.: 0481-781 17, R: Mi Abend und Do

– – –

Alla dama bianca *Bild oben*
Al Cavalluccio

Triest

Trotz seiner auffallenden Liebe zu Fisch unterscheidet sich der Triestiner wesentlich vom Venezianer. Während der Venezianer immer auf Italien hinunterzuschauen oder nach Westen hinüberzublicken gewohnt ist, orientiert sich der Triestiner gen Norden und Osten.

Leider hat dieser einst als unverwechselbar geschilderte Triestiner Typ seine besten Zeiten längst hinter sich. Er war ein fliegender Händler levantinischer Prägung und geschäftstüchtiger Kosmopolit, der in Triest zwar Wurzeln schlug, aber in allen Freihandelszonen der Welt daheim war. Es ist daher auch nicht so sehr die Nationalität, die den „tipo Triestino" ausmacht. Er kann Italiener, Slowene, Grieche, Altösterreicher oder Jude sein, er mag eine oder viele Sprachen sprechen. Worauf es ankommt, ist seine Internationalität.

Tergestisch tafeln

Triest wie es isst

Das Antico Caffè San Marco in der Via Battisti wirkt nach der Renovierung vielleicht noch um eine Spur zu gelackt, doch das wird sich bald wieder abschleifen. Die Schreiber sind jedenfalls schon wieder da. Während in Wiens Kaffeehäusern eher geredet wird, kann man im San Marco vielen Menschen vor allem beim Schreiben zusehen. Wer Glück hat, erspäht sogar Triests amtierenden „Dichterfürsten" Claudio Magris am Laptop. Er steht in einer langen Tradition. Denn Triest hat schon Dante, Stifter und Grillparzer inspiriert, mit Italo Svevo, Umberto Saba und Scipio Slapater eine spezifisch tergestische Literatur generiert und James Joyce sein Dublin ersetzt, als dieser hier im Exil seinen „Ulysses" schrieb. „In Triest I have my liver eaten", meinte Joyce, der gerne in der heutigen „Birreria Forst" saß, einmal sarkastisch über seine Triestiner Trinkgewohnheiten. Und tatsächlich ist Triest eine Stadt, die mit ihren vielen, oft schon in den frühen Morgenstunden geöffneten „Buffets" eine Sogwirkung auf Phäaken jeglichen Zuschnitts ausübt.

Es mag schwierig sein, in Triest wirklich gut zu essen, aber es ist nahezu unmöglich, hier schlecht zu essen. Die aus historischen Gründen leicht altösterreichisch gefärbte Triestiner Küche ist in hausgemachte Würste mit Sauerkraut, Kaiserfleisch, Gulasch und Strudel gleichermaßen verliebt wie in die stark slowenisch gefärbte Karstküche, zu deren Spezialitäten nicht nur Prsut (Rohschinken) und gegrillte Innereien (wie man sie am besten beim „Suban" hoch über der Stadt bekommt) gehören, sondern etwa auch Fohlenfleisch, für das die

„Bagutta Triestino" mit Recht gerühmt wird. Vor allem lieben die Triestiner jedoch ihre feine – wenngleich niemals überfeinerte – Meeresküche vom Heuschreckenkrebs bis zum kleinen Gò-Fisch; Vorlieben, die sie mit den Venezianern teilen.

Der theresianische Canal Grande von Triest nimmt sich gegenüber seinem venezianischen Bruder freilich wie der Blinddarm neben dem Dickdarm aus. Dennoch ist er ein guter Punkt, um einen Triest-Spaziergang zu beginnen. Ich spaziere gerne den Kai entlang, und der Weg führt mich manchmal an Furcht erregenden Kanonenschiffen der NATO-Kriegsflotte vorbei, manchmal allerdings auch bloß an den paar Dutzend Fischkuttern und Segelbooten, die am Molo Venezia vor Anker liegen. Hier stolpert man auch manchmal über einen jener Schienenstränge, die im Angesicht der Ringstraßen-ähnlichen Amts-, Versicherungs- und Verwaltungsbauten aus den Zeiten der Donaumonarchie aussehen, als würden sie auf eine rote Wiener Tramway warten. Sie warten vergeblich und führen anstatt dessen ins Nichts oder – präziser formuliert – mitten ins Meer.

Die mausgraue Stazione Marittima hat zu Kaisers Zeiten, als hier noch täglich zweihundert Schiffe mit bunten Flaggen aus aller Herren Länder anlegten, auch schon farbenfrohere Tage gesehen. Und ich vermag mich von Mal zu Mal weniger des Eindrucks zu erwehren, dass die Triestiner die Lust an ihrem alten Freihafen zusehends verlieren. Immer wieder höre ich, dass er abgerissen und zu einem High-Tech-Schifffahrtscenter umgebaut werden soll, und immer wieder freue ich mich, dass es noch nicht so weit ist.

Derlei melancholischen Gedanken nachhängend, stehe ich dann vor der längst geschlossenen, aber gerade in ihrem ruinenartigen Verfall immer noch beeindruckenden historischen alten Fischhalle, einem Jugendstilgebäude aus dem Jahr 1913.

Das Charakteristische daran ist sein kleines Glockentürmchen, das dem Fischmarkt nach einem bekannten Triestiner Fischgericht den Namen „Santa Maria del Guatto" gab. Das Bauwerk sieht tatsächlich wie eine Kathedrale aus, und im Kirchenschiff mit seinen schmiedeeisernen Kapellengittern riecht es unverwechselbar nach Meer.

Vom Glockenturm aus wurde allerdings keineswegs zum Rosenkranz geläutet. Der etwas zusammengestutzt wirkende Campanile hatte eine ganz andere Funktion. Einst wurde von hier aus Meerwasser in die Markthalle gepumpt und regelmäßig über die Verkaufstische und in die Fischkalter gespült, damit die fangfrischen Fische die letzten Stunden vor ihrem Verzehr nicht im Süßwasser verbringen mussten. Aufgehört hat man mit diesem ebenso schönen wie sinnvollen Brauch erst, als man fand, dass das Meerwasser viel zu schmutzig geworden sei und die meisten Fische auf tergestischen Tafeln nicht mehr in der Bucht von Triest geangelt wurden.

Trotz seiner auffallenden Liebe zu Fisch unterscheidet sich der Triestiner dennoch wesentlich vom Venezianer.

Während der Venezianer immer auf Italien hinunterzuschauen oder nach Westen hinüberzublicken gewohnt ist, orientiert sich der Triestiner gen Norden und Osten.

Leider hat dieser einst als unverwechselbar geschilderte Triestiner Typ seine besten Zeiten längst hinter sich. Er war ein fliegender Händler levantinischer Prägung und geschäftstüchtiger Kosmopolit, der in Triest zwar Wurzeln schlug, aber in allen Freihandelszonen der Welt daheim war. Es ist daher auch nicht so sehr die Nationalität, die den „tipo Triestino" ausmacht. Er kann Italiener, Slowene, Grieche, Altösterreicher oder Jude sein, er mag eine oder viele Sprachen sprechen. Worauf es ankommt, ist seine Internationalität.

Der aufmerksame Leser merkt es schon seit längerem: Da schimmert allenthalben das multikulturelle Wien der Jahrhundertwende durch, die Stadt der verhasst-geliebten einstigen Usurpatoren, eine Stadt mit ähnlichen Grauwerten, wenn auch ohne das blaue Meer, das in Triest übrigens fast so blau ist wie die „schöne blaue Donau" in Wien.

Zu jenen Plätzen, an denen man noch das eine oder andere überlebende Exemplar des „tipo Triestino" findet, zählen neben den Kaffeehäusern vor allem die Buffets der Stadt. Als Nicht-Triestiner weiß man zunächst nicht recht, was man sich darunter vorzustellen hat. Dabei hat das klassische Triestiner Buffet seinen Ursprung im alten Wiener „Traktör", einer Art Volkskuchl für die einfacheren Leute, die in Wien selbst allerdings längst ausgestorben ist. In Triest, über dessen Einwohner schon Franz Werfel sagte, sie seien „eine nicht zu ihrem Vorteil stark austrifizierte Rasse", hat sich der „Traktör" hingegen unter dem ebenso schlichten wie treffenden Pseudonym „Buffet" bis zum heutigen Tag erhalten.

Die Verwandtschaft reicht bis in die Kochbücher hinein. Maria Stelvios 1927 erschienene „Cucina triestina" ist ein gutes Beispiel. Suchen Sie „i buchtel" – und Sie werden ebenso fündig werden wie beim Blättern nach „chifel". „Dal tedesco kipfel" lautet die exakte Erklärung. Wen wundert es da noch, dass die Triestiner Hausfrau auch ein „coch di gries di indubbia origine austriaca" zuzubereiten vermag oder „crafen", die ihre enge Verwandtschaft mit unseren Faschingskrapfen weder verleugnen können noch wollen.

Zur Jause isst man im Triestiner Kaffeehaus, das seine Wiener Wurzeln ebenso wenig verleugnen kann, einen „cuguluf", zuweilen auch „kugelhupf"

genannt. Nicht ohne Amusement liest der Wiener die ungewöhnliche Schreibweise „schinco", den der Italiener sehr wohl von „Prosciutto" oder „persut" zu unterscheiden weiß und mit dem daher auch die „schinkenflecken" gemacht werden. Alte Triestiner Spezialitäten sind auch das „Wiener saftgulash", das „manzo all´ ungharese-gulyas" und selbstredend die „gulashsuppe", die altösterreichischen Ohren nicht minder vertraut klingt wie die Bezeichnung „caiserflais".

„Il caiser" – in Friaul ohnedies seit jeher omnipräsent – leiht auch in Istrien dem „kaiserschmarren" seinen Namen. Nicht zu vergessen „palacinche" und „strucolo" – Palatschinken und Strudel – ohne die ein Triestiner Kücheninventar ebenfalls unvollständig wäre. Bleibt nur noch die „schnitte" zu erwähnen, die in der ländlich istrischen Küche auch unter dem Ausdruck „povesen" gebräuchlich ist, was einige Rückschlüsse auf ihre tatsächliche Rezeptur zulässt.

Das altösterreichische Kücheninventar findet sich im gastronomischen Angebot Triests jedoch nur zum Teil wieder. Manchmal bedarf es auch eines gewissen pfadfinderischen Spürsinns, um es aufzutreiben. Speisekarten sind die Sache der Triestiner nicht. Padrone und Padrona entpuppen sich vielmehr als wahre Herolde ihrer Kochkunst, wenn sie sich in Positur werfen und die Speisenfolge aufsagen, als rezitierten sie Dantes „Divina Comedia".

Triestinisch ist allerdings nicht nur das von stetig anschwellendem Parlando begleitete Essen im Stehen oder Hocken, sondern auch der überraschend niedrige Preis, der nach einem alten Motto kalkuliert zu sein scheint, das in der weltoffenen Hafenstadt Triest schon immer gegolten hat: „Bisogna spender, ma non spander." Zu deutsch: „Man muss das Geld ausgeben, aber nicht vergeuden."

Buzara alla Groucho

Wer den großen Zeiten der Triestin
halle nachtrauert, der findet auf d
ten Piazza Venezia nicht nur eine Pesche...
chen Namens, sondern auch ein Ristorante, das
derselben Familie gehört. Frischer und in aller
gebotenen Einfachheit perfekter zubereitet, lässt
sich der tägliche Fang (und komme er aus dem
Atlantik) kaum anderswo in Triest verkosten.
Der sympathische Ober trägt einen Vertrauen er-
weckenden Groucho-Marx-Bart. Die Einrichtung
ist von schlichter Eleganz. Die Klimaanlage rattert
wie eine alte Kaffeemühle, und das deliziöse
Meeresgetier – Seespinnensalat und die istrische
Buzara del giorno (Spaghetti mit Schaltieren,
je nach Saison) – klingt einem noch lange am
Gaumen nach.

Al Granzo, 34100 Trieste, Piazza Venezia 7,
Tel.: 040-306 788, R: Mi

- - -

Polpetti bei Herrn Tabakovic

Fast möchte man meinen, man betritt hier, unweit
von Schloss Miramare, eine Blumenhandlung und
kein Lokal. Zumindest legt die üppig über die
Schank wuchernde Orchideen- und Sonnen-
blumenpracht das nahe. Eine hübsche Idee auch,
statt der üblichen Tischblumen Kakteen einzu-
decken. Dennoch treibt dieses einfache Fischer
lokal mit kleiner Terrasse und großem Meerblick
auch noch Blüten kulinarischer Art. Verantwortlich dafür ist der Padrone mit dem (zumindest für
Raucher) vertrauenswürdigen Namen Tabakovic,
der jedoch kein Zigarrenfreak, sondern vielmehr
ein Afficionado des Meeres ist. Seine Antipasti –
Stockfischpüree, Calamaretti mit Rucola, Polpetti-

Al Pescatore

salat, Sarde in Saor oder Alici – sind gleich unprätentiös wie authentisch. Ebenso sein Meeresrisotto, seine Spaghetti alle vongole und seine Fische, die er wahlweise in Salz, gedämpft, gegrillt, frittiert oder, wenn's denn sein soll, auch roh serviert, und zwar meist höchstpersönlich in der Regel direkt aus der Pfanne.

Al Pescatore, 34100 Trieste, Viale Miramare 211, Tel.: 040-411 134, R: Mi

- - -

Edle Einfalt, stille Größe

In Triest längst kein Unbekannter mehr, hat der sympathische Roberto Surian die Zeichen der Zeit erkannt und seine alte Osteria in den Dienst des „schnellen kleinen mediterranen Happens" gestellt. Was immer das Mittelmeer hergibt, wird hier zu feinen kleinen Gerichten (Fischsuppe, Seehecht-Mus, Rollgerste mit kleinen Tintenfischen, zahlreiche Sardellenvariationen, Jakobs- und Messermuscheln u. v. m.) verarbeitet, von denen man sich auch eine Auswahl bestellen kann. Dazu gibt's in einfachster Hafenkneipen-Atmosphäre wahlweise Pinot Bianco oder Sauvignon „alla sfusa". Wenn man aus dem Lokal herauskommt, findet man, unmittelbar an der gleichnamigen Stiege, eine Gedenktafel, die daran erinnert, dass der Archäologe J. J. Winckelmann an dieser Stelle 1768 ermordet wurde. Sie wissen schon, das war der mit der „edlen Einfalt" und der „stillen Größe". Zwei Begriffe übrigens, mit denen sich auch die Triestiner Küche recht gut beschreiben lässt.

Antipastoteca di Mare (Alla Voglia), 34100 Trieste, Via delle Fornace 1, Tel: 040-309 606, R: So ab., Mo

- - -

Ein Aquario zum Verspeisen

Unweit des Triestiner „Aquario", dem „Haus des Meeres", dessen Bewohner zum Leidwesen mancher Feinspitze nicht zum Essen da sind, liegt das Fischparadies von Triest. Das hübsche kleine Lokal nennt sich zwar Trattoria, ist aber mit seinem Marmorboden und dem Thonet-Mobiliar fast schon ein Ristorante mit sehr persönlichem Service und hinreißendem Angebot: Tartufi di mare, Austern und kleine Muscheln, Calamaretti, Seespinnen, Meerbarben, Telline (Dreiecksmuscheln), ja sogar ein veritabler Nasello, liegen in der Vitrine.

Zunächst trägt man hier, je nach Saison, ein halbes Dutzend verschiedener Fisch-Antipasti auf: kleine Schüsselchen mit Branzinoparfait, Sarde in Saor, Austern und kleine Muscheln (sowohl roh als auch gekocht), sauren Alici mit Peperoncini, gebackene kleine Meeresfische, Graupenrisotto mit Dreiecksmuscheln und ähnliche Köstlichkeiten. Dann folgt ein kaltes Tomatensüppchen mit getrockneten Räucherfischchips, gefolgt von schwarzen Tagliolini mit Vongole und einem Branzino auf köstlicher Caponata. Als Dessert gibt's eine famose Apfeltorte oder eine Pfirsichsulz mit Slibowitz-Sorbet. Alles in überschaubaren und daher auch für den ungeübten Esser einigermaßen kommod zu bewältigenden Portionen, begleitet von hervorragenden Collio Weinen. Fisch, was begehrst du mehr?

Ai Fiori, 34100 Trieste, Piazza Hortis 7, Tel.: 040-300 633, R: So, Mo

- - -

Flambierter Feierabend

An einer der belebtesten Kreuzungen Triests lässt sich eine Zeitreise in die Geschichte der tergestischen Gastronomie antreten. Die Bagutta Triestino ist ein sehr hoher Raum, an dessen Wänden unzählige ausgetrunkene Flaschen bis zur dunklen Holzdecke hochklettern, die so auffallend glänzt, als hätte man sie erst unlängst mit Speckschwarte eingerieben. Teresita Cossio, der kochenden Padrona, würde man solche Tricks auch ohne weiteres zutrauen, wahrscheinlicher ist jedoch, dass sie den Putzdienst der nächsten Generation überlässt. Doch nichts gegen Donna Teresita: Immerhin hat sie mir soeben das beste Trüffelgericht meines Lebens serviert, und ich weiß nicht einmal, wie man es zubereitet. Oder wie stellen Sie sich eine gedämpfte, getrüffelte Eierspeise vor? Ich weiß nur, dass ich ziemlich verschnupft war und dennoch 30 Sekunden, bevor das Gericht serviert wurde, sein Eintreffen ganz genau vorhersagen konnte. Auch wie Signora Cossio die Senfsauce zu ihrem Filetto du Buè Voroneff, das sie zuletzt „alla flamma" serviert, zubereitet, konnte ich trotz etlicher Kochkenntnisse nicht vollends entschlüsseln. Die Dame ist jedenfalls im Besitze einiger Geheimnisse, was man ihr, wenn sie die Küche mit ihrem weißen flachen Mützchen und der „Mammaschürze" verlässt, gar nicht wirklich ansieht. Dennoch hält man sie, sobald sie das Lokal einmal betreten hat, keine fünf Sekunden lang für die Abwäscherin des Hauses. Langsam und gemächlich schreitet sie nämlich auf jenen Tisch gleich neben der Schank zu, der den ganzen Abend lang reserviert blieb, obwohl Hochbetrieb herrschte und er inzwischen sicher dreimal hätte vergeben werden können. Dort nimmt sie dann, so gegen halb elf (ab jetzt werden nur noch kalte Speisen serviert), Platz, und ich warte schon gespannt darauf, was sie sich zur Feier des Abends servieren lassen wird. Die Antwort ist denkbar einfach: Nichts, nicht einmal einen Kaffee. Sie sitzt nur da, blättert in einem Journal, küsst die Kinder der sich allmählich verabschiedenden Stammgäste und

Schloss Miramare

In Triest

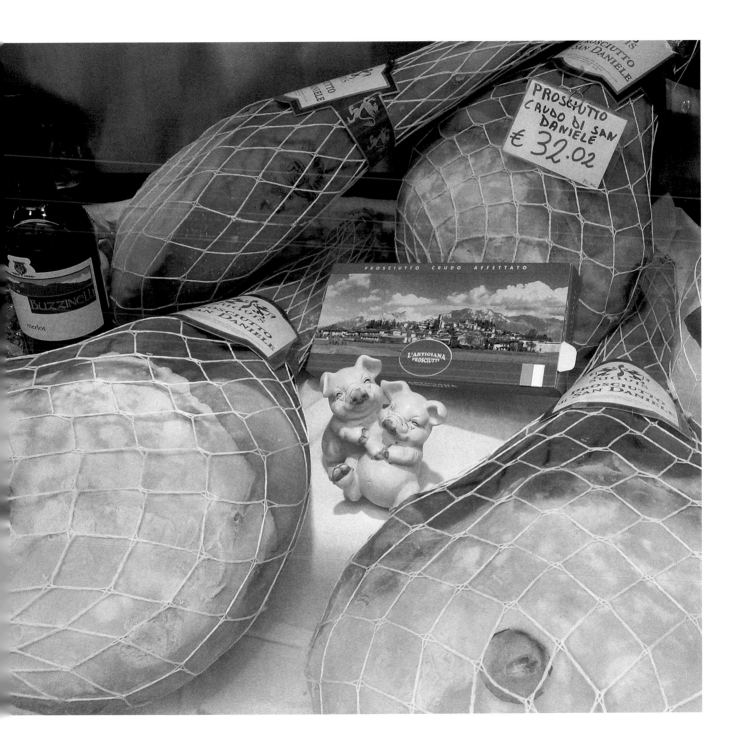

Im Caffè Tommaseo

Triests „Canale Grande"

Birreria Forst *Bild oben*
Trattoria ai Pescatori

ruht in dem befriedigenden Gefühl, wieder einen Tag glücklich hinter sich gebracht zu haben. Einen mehr.

Bagutta Triestino, 34100 Trieste, Via Carducci 33, Tel.: 040-636 420, R: So, Mo

- - -

Ein Bier für Joyce

James Joyce, der in seinen Triestiner Jahren fast jeden freien Wirtshaustisch frequentiert zu haben schien, saß auch hier, im ehemaligen „Bierhaus Europa", das mittlerweile von der bekannten Südtiroler Brauerei geführt wird. Allerdings durchaus mit Triestiner Charme, der zur autochthonen Einrichtung des Speisesaals mit seinen schönen alten Triestiner Ansichten unter der Holzdecke passt. Neben exzellenten Bieren vom Fass serviert man hier ganztägig kleine, feine Happen und zu den Essenszeiten eine Wirtshausküche vom „tipo triestino" (Antipastibuffet, goulash, kaiserfleisch, krauti, gnocchi etc.), die vor allem auch bei jüngerem Publikum bestens ankommt.

Birreria Forst, 34100 Trieste, Via Galatti 11, Tel.: 040-365 276, R: So

- - -

Schweinerei!

Das „Pepi s´ciavo" – so nennen die Triestiner ihren „Da Pepi" – hat den Vorteil, schon sehr früh, also zur besten Marktzeit, geöffnet zu haben. In geradezu rührender Weise ist man darum besorgt, dass die Fischer auch sicher nicht „vom Fleisch fallen".

Im Zentrum des ebenso winzigen wie finsteren Etablissements, das durch den istrianischen Dichter Fulvio Tomizza auch zu weltliterarischen Ehren gelangt ist, befindet sich neben ein paar unauffälligen, niederen Tischchen eine lange, umso auffälligere

Marmorplatte. Hier türmen sich die Zungen und Stelzen, die unterschiedlichsten Würste und das hierzulande besonders beliebte Kaiserfleisch.

Dieses Lokal ist eine einzige Schweinerei. Wer das sagt, irrt gewiss nicht und beleidigt schon gar nicht den Chef, der Schweinsköpfe, geselchte Zungen, Kaiserfleisch, Schweinsfüße, Schlackwürste und Spanferkel auf seiner schwarz-weiß gesprenkelten Marmorplatte mit einer solchen Inbrunst zu zerteilen weiß, dass es eine reine Freude ist, ihm dabei zuzusehen.

Die Fleischstücke werden von Pepis guten Küchengeistern behände mit einer 2-zinkigen Gabel aus blubbernden Heißwasserbecken gefischt, die unter der Marmorplatte eingelassen sind. Alles riecht ein wenig nach Schlachtbrücke und daher, um die Wahrheit zu sagen, selten wirklich verlockend, dafür jedoch umso triestinischer.

Hier gibt es das beste Sauerkraut, das ich je gegessen haben, und Senf aus einem Kübel mit dem Namenszug Pepi und – natürlich – einem aufgemalenen Schwein. Nicht minder imposant in diesem wohl berühmtesten Triestiner Buffet ist die Auswahl an kalten Aufschnitten. Die Frage, was man dazu trinkt, stellt sich erst gar nicht. Natürlich ein Birra Dreher, das letzte Bier übrigens, das heute noch nach dem aus Schwechat stammenden Erfinder des Lagerbiers benannt ist, der einst den größten Bierkonzern der Donaumonarchie leitete.

Buffet da Pepi, 34100 Trieste, Via Cassa di Risparmio 3, Tel.: 040-366 858, R: So

- - -

Der „Imperator" neben dem Bahnhof

Das „Impero" ist das Bahnhofsbuffet von Triest, weil es gleich gegenüber der Stazione Centrale liegt. Vorne eine typische, schon in den frühen Morgenstun-

den geöffnete Osteria, im rückwärtigen Raum ein kleines Ristorante, wartet Mario Srichias etwas schummrig anmutende Kneipe auch mit Raritäten wie Pferdecarpaccio oder gebackenen Froschschenkeln, allerdings auch mit zahlreichen Pastavariationen, auf. Darüber hinaus wird ein außerordentlich preiswertes Menu turistico serviert (das sich auch bei Einheimischen größter Beliebtheit erfreut).

Buffet Impero, 34100 Trieste, Piazza Libertà 4, Tel.: 040-365 036, R: So ab 2 Uhr, Mo

- - -

Triest wie es isst

Wenn ein Restaurant schon um neun Uhr früh voll ist, so ist das in Italien, zumal in Triest, ein gutes Zeichen. Die Triestiner zweckentfremden so manches Ristorante untertags zur Osteria, und das Ai Pescatori ist eines davon. Hierbei handelt es sich um eine nicht besonders schöne, angesichts der vielen vergilbten Karikaturen an den Wänden (war ein Vorbesitzer etwa Zeichner?) sogar ziemlich schäbige Fischerkneipe, die gleichwohl durch ein paar äußerst adrett gedeckte Tische in den Nischen besticht, die um jene „Arena" gruppiert sind, in der sich das Barleben abspielt. Hier spielt man Karten, trinkt Kaffee oder Bier und isst vielleicht ein Sandwich, sicher keinen Fisch. Ein bisschen erinnert das alles an den ersten Akt der Dreigroschenoper, wobei ich keinem der Anwesenden unlautere Motive unterstellen möchte.

Trattoria ai Pescatori, Riva Tommaso Gulli 4, Tel.: 040-303 420, R: Mo

- - -

Blau wie das Meer

Konservativere Genießer, die der klassischen Triestiner Fischküche huldigen wollen, sind im „Nastro

Azurro" goldrichtig. Der Service ist von klassischer Souveränität, ohne Arroganz, aber auch ohne lästige Verbindlichkeit. Die Küche ist deart old-fashioned, dass sie fast schon wieder etwas Modernes an sich hat. „Sardoni in savor" sorgen für einen wohl-schmeckenden Beginn, die Risotti sind klassisch, und dem im Ganzen mit viel Einfühlungsvermögen gebra-tenen Scorfano (Drachenkopf) ist der Ribolla Gialla von Teresa Raiz geradezu auf den Leib geschneidert.

Nastro Azzurro, 34100 Trieste, Riva Nazario Sauro 10,
Tel.: 040-755 985

- - -

Altes Triest im Fast-Food-Style

Das Lokal ist noch relativ jung, das Gewölbe, in dem es untergebracht ist, dafür uralt und entsprechend heimelig. Eigentlich ist es ein Buffet, das auch außer-halb der Essenszeiten köstliche Prosciutti, Formaggi und diverse kleine Happen in exzellenter Qualität anbietet. Mittags und abends entwickelt sich das nach dem klassischen italienischen Schmortopf benannte Lokal zu einem Brennpunkt dessen, was man in Triest mitteleuropäische Küche nennt. Sind erst einmal Messer, Gabel und Papierserviette aus dem dekorati-ven Packpapier-Säckchen herausgeschält, kann man sich an den von freundlichen jungen Damen kredenz-ten Köstlichkeiten wie Triestiner Gulasch, geschmor-tes Pferdefleisch, Kaiserfleisch mit Sauerkraut und Strudelspezialitäten gar nicht gütlich genug tun.

La Tecia, 34137 Trieste, Via San Nicolò 10,
Tel.: 040-364 322, R: So

- - -

Gastrosophenbuffet

Wenn man dieses berühmte Triestiner Buffet unweit der Piazza Oberdan nicht zur Hauptgeschäftszeit

betritt, so kann man Signore Bruno Beltran Inbrunst den Corriere della Sera durchpflü und die sympathische Signora Anna dabei beobach-ten, mit welcher Engelsgeduld sie lokalen Wein-weisen zuhören kann, wenn diese referieren, was ihnen ihre mehr oder minder tiefen Blicke ins Glas eingeben. Über der Schank deuten eine avantgardis-tische Metallskulptur und ein paar Theaterplakate auf gastrosophischen Background (Slow Food!) hin, sonst ist die Osteria so einfach wie gemütlich.
Schon am frühen Morgen gibt es Schnitzelsemmeln, belegte Brote, Schweinsbraten mit Kren, frisch von der Keule geschnittenen Prosciutto oder einen formi-dablen Strudel di miele (Apfelstrudel). Mittags und abends verwandelt sich das Buffet in eine echte Trattoria, deren Angebot von der landestypischen Jotasuppe über Tintenfische im eigenen Saft bis hin zur (allerdings nicht immer vorrätigen) Haus-spezialität, dem geschmorten Ziegenkitz, reicht. Die Weinauswahl ist einfach, aber gut.

Re di coppe, 34137 Trieste, Via Geppa 11, Tel.: 040-370 330,
R: Sa, So; Küchenzeiten: 7–20 Uhr

- - -

Beim kochenden Holländer

Die leicht kitschig-maritime Atmosphäre mit den vielen Fähnchen und Fischernetzen wird gottlob durch Rimbaud-Gedichte, die an die Wand ge-schrieben sind, konterkariert.
Der Patron und Koch ist ein aus den Niederlanden stammender Seebär.
Auf seine Meeresantipasti, Spaghetti mit Bottarga de muggine und Calamari alla griglia ist Verlass.
Dazu gibt's etliche lokale Weine, darunter einen guten Vitovska.

Gran Malabar *Bild oben*
Siora Rosa

Ritrovo all Marittimo, 34137 Trieste, Via Lazaretto Vecchio 3,
Tel.: 040-301 1377, R: So, Mo

- - -

Bacchus in der Konditorei

Das Gran Malabar ist eigentlich eine Kaffeerösterei
mit angeschlossener Kleinkonditorei. Im Laufe der
Zeit entstand daraus die wohl beste Bar von Triest.
Die Weine sind hervorragend, auch wenn man dazu
nicht unbedingt Malabar-Kaffee trinken und Chifeleti
essen will. Dafür erweisen sich die sympathischen
Barmaiden, was die Versorgung mit Prosciutto und
Salami betrifft, als erfreulich großzügig.

Gran Malabar, 34122 Trieste, Piazza S.Giovanni 6,
Tel: 040-636 226

- - -

Prager Schinken in Triest

Das Siora Rosa ist eines der klassischen Triestiner
Buffets, das den Durchschnitt allerdings weit über-
ragt. Die „Sala di pranzo", wie man sie stolz nennt,
ist ein kurzer Schlauch, der in einer Wand aus getrie-
benem Kupfer endet; fünferlei Sorten Birra alla spina
fließen heraus. Auf einer schwarzen Schiefertafel
wurde als Tagesspezialität gekochter (Prager) Schinken in Brotteig mit Senf, Kraut und Kren angeboten.
In der Vitrine lockten appetitliche Sarde in Saor.
Kurzum: Wer hier vorbeigeht, sollte unbedingt hineinschauen.

Siora Rosa, 34122 Trieste, Piazza Hortis 3,
Tel.: 040-301 460, R: Sa, So

- - -

Bellissimo!

Fragen Sie mich nicht, wie ich hierher kam. Das wissen nur der liebe Gott und der Taxifahrer, den ich bitte, noch ein paar Sekunden zu warten, weil die Tür so geschlossen aussieht. Doch dann geht sie auf, und ein Koch mit einer Kiste voll Grünzeug kommt heraus. Das schafft Vertrauen, und ich erlaube dem Taxifahrer die Rückfahrt ins Tal. Tal deswegen, weil ich am Berg bin, umringt von Hochhäusern, Weingärten, Karstfelsen und Friedhöfen, insgesamt ein recht beeindruckendes Panorama. Seltsamerweise will der Kellner mit der bordeauxroten Sommelierschürze, nachdem ich Platz genommen habe, zuerst wissen, was ich zu trinken gedenke, bevor er erwartungsgemäß zur Gebetsmühle erstarrt und die Speisekarte aufsagt. Als ich nur einen Vitovska von Kante bestelle, ist er ein wenig enttäuscht von mir. „Va bene" sagt er trocken und fast tadelnd, und ich weiß ganz genau, dass seinesgleichen „Bellissimo" gesagt hätte, würde ich einen teureren Tropfen aus dem Barriquefass geordert haben. Dafür nehme ich mich bei seinem Kollegen, der die Speisen aufnimmt, zusammen. Der hält schon mehr von mir. Immerhin muss er mir, obwohl ich sichtlich kein Italienisch spreche, die Speisen nicht erklären. Als er Canoccie sagt, erhellt sich mein Gesicht, und seines leuchtet zurück, als ich die (ohnedies tief gefrorenen) Scampi und den Lachs zugunsten von Sarde in Saor ausschlage, fühle ich förmlich, wie so etwas wie Respekt in ihm aufkeimt. Als ich mich dann auch noch, ohne weiter nachzufragen, für einen Baccalà mantecato, einen durch gleichmäßiges Schlagen mit einem Klöppel pürierten Stockfisch entscheide, hält er mich einerseits für einen Kenner und andererseits für einen Trottel. Wie soll er sich sonst auch erklären, dass einer, der wie ich in die tiefsten Gründe der furlanischen Küchensprache eingedrungen ist,

nicht einmal in einigermaßen korrektem Italienisch danach fragen kann, wo die Toilette ist.

Der Respekt überwiegt jedoch sichtlich die Verachtung, was mir damit vergolten wird, dass das zu meinen Canoccie das auf dem Tisch stehende (und gar nicht so üble) Olivenöl aus San Marino abgeräumt und durch eines von Auliar Tergeste aus San Dorligo della Valle im Karst ersetzt wird (in händisch nummerierten Flaschen abgefüllt).

Während ich, so nach und nach, hausgemachte Pappardelle mit Zahnbrassen, Kapern und Oliven, Rotbarben auf Livorneser Art, einen Salat aus Fettkresse und Borlottibohnen sowie ein auf die übersichtlichen Maße eines Grappaglases einreduziertes Sorbetto verzehre, nehmen am Nebentisch zwei Damen Platz, die außer ihrer Freundschaft die Tatsache gemeinsam haben, dass sie an diesem völlig verregneten Jännertag Sonnenbrillen tragen. Für sie muss Triest schwarz wie die Nacht sein, denke ich mir, aber sehen sie wenigstens das hinter sauber geputztem Glas flackernde Herdfeuer im Kamin? Nein, sie sehen es nicht, denn annähernd synchron schieben die beiden ihre Sonnenbrillen ins wohl frisierte Haar und sind somit auch in der Lage, die Teller zu finden, die ihnen nunmehr, Gang für Gang, an den Tisch gebracht werden. Besonders rührend fand ich die Tatsache, dass sich eine der beiden erklären ließ, was denn wohl genau Tagliolini seien, was der Ober auch mit Engelsgeduld tat. Mein Selbstbewusstsein wuchs dadurch ins Unermessliche. Ich kann zwar nicht viel besser Italienisch als ein apulischer Esel, aber bevor ich als Italiener danach fragen würde, was Tagliolini sind, würde ich mich lieber hinter den finstersten Sonnenbrillen der Welt verstecken.

Ami Scabar, 34137 Trieste, Erta S. Anna 63, Tel.: 040-810 368, R: Mo

- - -

Suban oder:
Die Wiederkehr des Ewiggleichen

Die Speisekarte des „Suban" hat sich während der letzten zwanzig Jahre kaum verändert. Die Zubereitung mancher Speisen ist allerdings etwas leichter geworden, und die gegrillten Innereien sind nicht mehr cross und durch, sondern zart und saftig. Die Küche ist seit jeher mitteleuropäisch, will heißen: slowenisch, italienisch, ungarisch, österreichisch, vielleicht sogar in erster Linie österreichisch (Apfelstrudel!). Die Fusi mit Kaiserfleisch waren geschmacklich jedenfalls schon in beachtliche Nähe der Wiener Schinkenfleckerln gerückt. Und orientalische Aromen wie die Pignoli im Gänsebrust-Salat gibt's auch. Die Triestiner wissen es zu würdigen und richten nach wie vor ihre Hochzeiten, Sponsionen und Leichenschmäuse gerne hier aus.

Suban, 34100 Trieste, Via Comici 2, Tel.: 040-543 68, R: keine

- - -

Chianina in Opicina

Die vielen leeren Weinkisten, die sich im Winter unter der Laube stapeln, auf der man im Sommer auch unter freiem Himmel speisen kann, täuschen nicht: Hier gibt es eine der längsten, national und international bestens sortierten Weinkarten der Region, und das auch noch zu durchwegs fair kalkulierten Preisen. Im Übrigen hält man sich in diesem traditionsreichen, auf angenehme Weise altmodisch gebliebenen Ausflugslokal der Triestiner, das man durch einen ebenso überladenen wie gemütlichen Schankraum betritt, an alles, was zum Wein passt: lokale und internationale Schinkenspezialitäten, hausgemachte Pasteten oder roh marinierten Schwertfisch als Antipasto, Pasta „fatta in casa" (unbedingt probieren: die mit Gorgonzola gefüllten Giufetti in Nuss-

soße), Bratenstücke im Ganzen, geschmortes Wild, Bistecca Fiorentina (vom Chianina-Rind) und einen verführerischen Dessert-Reigen (zu dem übrigens ein getrüffelter Gorgonzola mit einem Gläschen Sauternes zählt).

Diana, 34100 Trieste, Via Nazionale 1, Tel.: 040-211 176, R: Fr; L: Claudio Marcolin; Pkw: A4, E70, Zufahrt via Bergtramwaylinie 2 (ab Piazza Oberdan) oder Autostrada, Ausfahrt Opicina

- - -

Paella triestina

So altehrwürdig, wie sie tatsächlich ist, sieht diese traditionsreiche Trattoria hoch über Triest zwar nicht mehr aus, gemütlich ist sie allemal geblieben, und an Massimiliana Gustins „karstiger" Speisekarte (Gnocchi con goulash, Manzo bollito, Stinco di vitello, Strudel di miele und viele andere Eigenbau-Desserts) hat man ohnedies nie etwas „umgebaut". Ganz und gar nicht triestinisch, aber nicht weniger legendär, ist nach wie vor das jeden Donnerstag und Freitag (ab ca. 13 Uhr) stattfindende Paellaessen, für das man hier unbedingt reservieren muss.

Max, 34100 Trieste, Via Nazionale 43, Tel.: 040-211 160, R: Mi, Zufahrt via Bergtramwaylinie 2 (ab Piazza Oberdan) oder Autostrada-Ausfahrt Opicina

- - -

… und noch ein paar Tipps rund um Triest

Weißes Gulasch

Bernarda und Andrej Milic führen hoch über Triest eine uralte Osmizza. Das bedeutet soviel wie Buschenschank: Vom Wein übers Brot bis zu Würsten und Fleisch wird alles selbst produziert. Zu den Spezialitäten zählt neben Fleischstücken, Cevapcici und gerösteter Polenta von Andrejs geräumigem Rebstockgrill auch das „weiße Gulasch",

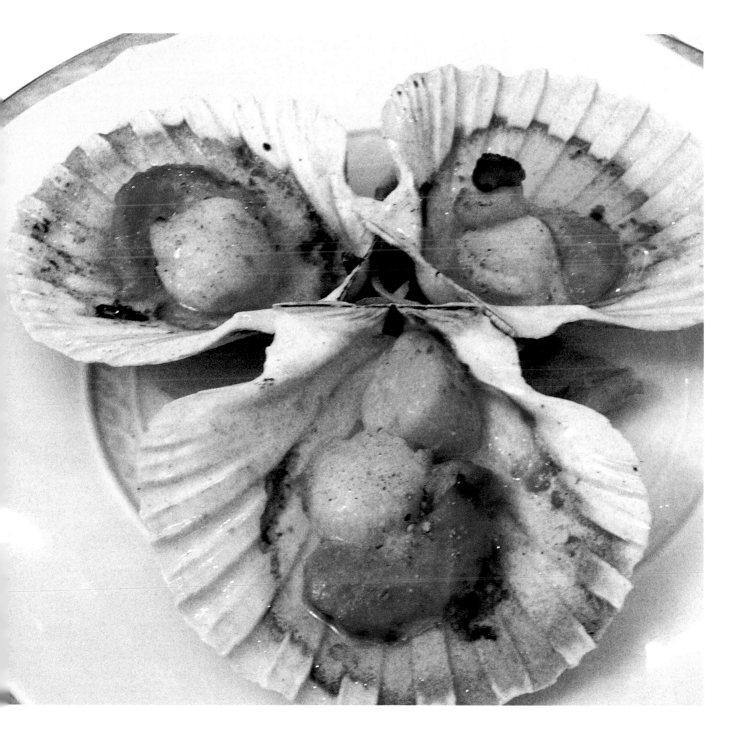

Al Lido

in dem der Paprika keine Rolle spielt, dafür aber der Wein.

Der gibt übrigens auch – diesmal ist es ein kräftiger roter Terrano – dem darin gedünsteten Beinschinken, den Bernarda vor dem Servieren mit halbzentimeterdicken Krenspänen bestreut, Saft und Kraft. Köstlich auch der „Struccolo cotto in Tovagliolo", eine Spezialität, die hier vorzugsweise zu stattfindenden Hochzeiten gereicht wird.

Azienda Agricola-Kmetija Milic (Zagrski), Sgonico-Triest, Sagrado 2, Tel.: 040-229 383, 040-229 6735, Handy: 0333-680 4874; Fr-So geöffnet (bzw. auf Anfrage)

- - -

Karstige Fleischeslust

In der schöne Stube dominieren dunkle, hölzerne Lamperien, Hirschgeweihe, ein Lüster aus Krickerln und dazu ein ausgestopfter Hahn.

Hier, so ahnt man, wird der Fleischeslust gefrönt (Rinderschmorbraten mit Terrano, Damhirsch-Schinken, Crêpes mit Radicchio, Filetto al Terrano, Chifel-Kartoffelkroketten, Verze-Wirsing, Frittata con funghi).

Im Sommer lockt eine Weinlaub-umrankte Terrasse, deren Schattenspender ein uralter Weinstock ist, der von grazilen Säulen mit korinthisch anmutenden Kapitellen getragen wird.

Krizman, 34100 Trieste-Rupingrande 76, Tel.: 040-327 15, R: Mi und Do Mittag

- - -

Frösche im Öl

Wer die Küche und vor allem die Olivenöle der italienischen Karstregion kennen lernen will, der tut dies am besten in dieser ziemlich abgeschiedenen Lokalität im einsamen Karstweiler Draga S. Elia, der früher, als noch eine Dampflok hier herauf schmauchte, schon bessere Zeiten gesehen hat. Als es mit der Eisenbahnherrlichkeit vorbei war, musste sich Mario einiges überlegen, seine Gäste hier knapp an die slowenische Grenze „heraufzulocken". Seine Wahl fiel auf Frösche und Schnecken, die er früher, ebenso wie die berühmten Wildspezialitäten des Hauses, aus eigenen Beständen rekrutierte, aber mittlerweile aus Brescia bezieht. Pferdesteaks und andere Köstlichkeiten haben sich hinzugesellt, und so hat sich die „Locanda Mario" allmählich als ein kleines Paradies für Gourmands und Gourmets entpuppt.

Locanda Mario, 34013 Draga S. Elia (Basovizza) bei Triest, Tel.: 040-228 173, R: Di

– – –

Lido Under Cover

Lassen Sie sich von der mausgrauen Fassade nicht täuschen, und stoßen Sie sich auch nicht daran, wenn die Eingangstür dieses eher zwielichtig wirkenden Hafenhotels klemmt. Sobald Sie den eleganten Speisesaal des „Al Lido" betreten haben, wird alles anders: Da locken opulent bestückte Servierwägen voller Fische, Antipasti, Früchte, Desserts und Grappe, die von soignierten Obern mit hintergründigem Humor tatkräftig herum geschoben werden. Und dann folgt ein wahres Feuerwerk ungezählter kleiner Happen von Schwertfischen, Muscheln, Meerkrebsen, Seespinnen, Stockfischen und Hummern. Der Ribolla schmeckt fabelhaft, draußen leuchtet das Meer, und die Fassade ist längst vergessen.

Al Lido, 34015 Muggia, Via Cesare Battisti 22, Tel.: 040-273 3389

– – –

Zum Seeteufel mit der Leber!

Fischessen auf einer Terrasse am Meer ist nur ein Plus dieses feinen Restaurants, das für manche als das beste Fischrestaurant in ganz Julisch-Venetien gilt. Die Küche hat zudem kreativen Pfiff (besonders bemerkenswert: die Seeteufelleber mit Balsamico) und liegt mitten in einer der schönsten Adriastädte.

Trattoria Risorta, 34015 Muggia, Riva De Amicis 1/a, Tel.: 040-271 219, R: So Abend, Mo

– – –

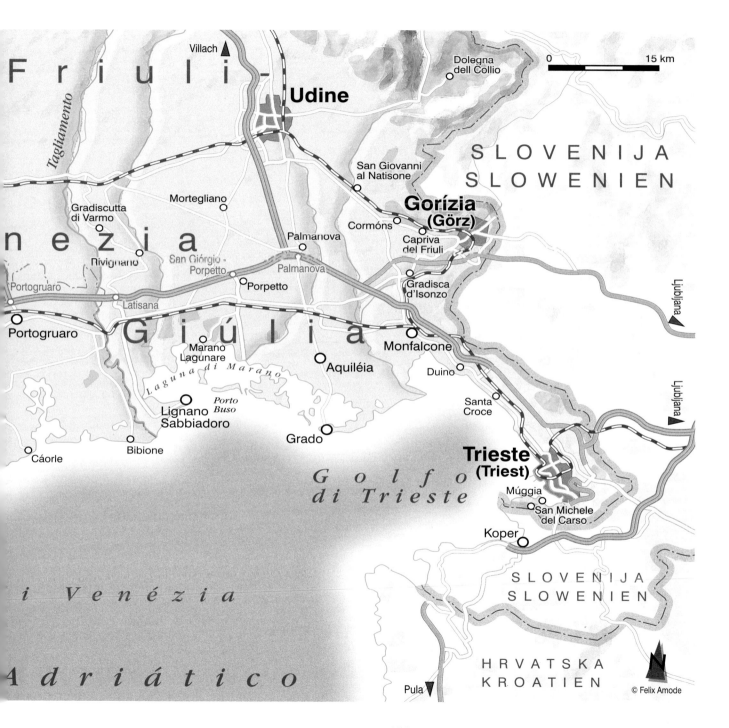

Friuli-

Villach ▲

Udine

Dolegna
dell Collio

0   15 km

S L O V E N I J A
S L O W E N I E N

San Giovanni
al Natisone

Gorízia
(Görz)

Cormóns

n e z i a

Mortegliano

Gradiscutta
di Varmo

Palmanova

Capriva
del Friuli

Rivignano

San Giórgio -
Porpetto

Palmanova

Gradisca
d'Isonzo

Ljubljana ▲

Portogruaro

Porpetto

Latisana

Portogruaro

G i ú l i a

Monfalcone

Duino

Ljubljana ▲

Marano
Lagunare

Aquiléia

Santa
Croce

Laguna di Marano

Porto
Buso

Lignano
Sabbiadoro

Grado

Trieste
(Triest)

Bibione

Cáorle

G o l f o
d i   T r i e s t e

Múggia

San Michele
del Carso

Koper

i   V e n é z i a

S L O V E N I J A
S L O W E N I E N

A d r i á t i c o

Pula ▼

H R V A T S K A
K R O A T I E N

N

© Felix Amode

223

Verzeichnis der Lokale